HISTOIRE ILLUSTRÉE

DES VILLES

D'AUZANCES & DE CROCQ

DANS LE PAYS DE COMBRAILLE

(DÉPARTEMENT DE LA CREUSE)

Suivie d'un Dictionnaire historique et archéologique des communes,
paroisses, églises, chapelles, prieurés, commanderies, châteaux, fiefs, etc.
compris dans ces deux cantons

PAR

AMBROISE TARDIEU

Historiographe de l'Auvergne, Membre de l'Institut archéologique d'Allemagne,
de l'Académie royale de Madrid,
des Académies de Clermont-Ferrand, Marseille, Toulouse, Rouen, Nancy,
Hippone, etc., Officier et Chevalier de divers ordres.

ET

AUGUSTE BOYER

expert-géomètr.

EN VENTE CHEZ LES AUTEURS

M. A. TARDIEU, à Herment (Puy-de-Dôme)
Et M. A. BOYER, à Mérinchal (Creuse)

1888

AVIS

Une grande partie des *terriers* du pays se trouve chez l'un de nous, M. Auguste BOYER, expert-géomètre, à Mérinchal (Creuse). Les intéressés y trouveront de précieux renseignements sur les propriétés de nos deux cantons.

HISTOIRE ILLUSTRÉE

DES VILLES

D'AUZANCES & DE CROCQ

DANS LE PAYS DE COMBRAILLE

(DÉPARTEMENT DE LA CREUSE)

Suivie d'un Dictionnaire historique et archéologique des communes,
paroisses, églises, chapelles, prieurés, commanderies, châteaux, fiefs, etc.
compris dans ces deux cantons

PAR

AMBROISE TARDIEU

Historiographe de l'Auvergne, Membre de l'Institut archéologique d'Allemagne,
de l'Académie royale de Madrid,
des Académies de Clermont-Ferrand, Marseille, Toulouse, Rouen, Nancy,
Hippone, etc., Officier et Chevalier de divers ordres.

ET

AUGUSTE BOYER

expert-géomètr.

EN VENTE CHEZ LES AUTEURS

M. A. TARDIEU, à Herment (Puy-de-Dôme)
Et M. A. BOYER, à Mérinchal (Creuse)

1888

Avant-propos. — Cet ouvrage, fruit de longues recherches dans les archives publiques ou privées, les
bibliothèques de Paris ou départementales, s'adresse surtout
aux enfants du pays et leur fera connaître, à travers bien des
siècles, les faits et gestes de nos pères. Les derniers vestiges
des châteaux féodaux s'écroulent de nos jours ; les chartes, les
documents manuscrits disparaissent de tous côtés. Il était temps
de mettre la main à ce petit livre d'archéologie, où, sous une
forme simple et modeste, des milliers de faits curieux sont
condensés pour le profit de tous. Nous publions ces pages
dans un but d'instruction publique qui exposera le vieux
temps et les rouages anciens de ce coin de terre de la France.
Et, maintenant, en avant; bons souhaits aux lecteurs et saluts !

Situation géographique et administrative. — Les
cantons d'Auzances et de Crocq sont situés dans le département de la Creuse et firent partie jusqu'en 1790 de l'ancienne
Auvergne. Ils étaient compris dans le pays de Combraille qui
comprenait les villes d'Evaux, de Chambon, de Lépaud et le

château de Sermur, sans oublier Bellegarde. Ces deux cantons sont placés à peu près au centre de la France. Le méridien de Paris traverse celui de Crocq et passe près de cette ville.

Aspect du pays. — Le pays d'Auzances et de Crocq est très pittoresque et mérite d'être visité par les artistes, les touristes. Tantôt, d'un aspect sauvage tantôt, d'un aspect moins sévère, il est couvert de sites divers : ici, des bruyères, des bois, des coteaux, des ruisseaux, des rochers ; là, des étangs ; des ruines féodales sur les hauteurs.

Chemin de fer. Rivières. — Le chemin de fer de Montluçon (Allier) à Eygurande (Corrèze), ouvert en 1887, traverse les deux cantons, du nord au sud et relie utilement cette contrée soit à Paris ou à d'autres grands centres. La chaîne de montagnes qui passe dans ces cantons atteint 799 mètres au signal des Farges et 792 à celui de Lascaux-Faucher. La ramification de cette chaîne, entre le Cher et la Tardes, va se terminer au nord d'Evaux, par des escarpements [451 mèt.] dominant la Tardes.

Le Cher, qui a 320 kilom. de cours, prend sa source au hameau du Cher, commune de Mérinchal, à 740 mètres d'altitude. Il se dirige vers le nord-est et baigne Chard, passe à l'est d'Auzances et entre dans l'Allier. Ceux de ses affluents qui appartiennent à nos deux cantons sont : le ruisseau de l'Etang-Neuf [rive gauche] qui baigne Auzances et la Tardes [62 kil. de cours, rive droite]. Ce ruisseau naît à 3 kil. de Basville, à 760 mèt. d'altitude, passe près de Crocq, de Saint-Avit, et reçoit le Rondeau [rive droite] qui sort des étangs situés au sud-est de Sermur. L'Allier, par ses affluents, la Saunade et le ruisseau de Condat, recueille les eaux de la partie orientale du canton de Crocq, qui grossissent le Sioulet, affluent de la Sioule. Le ruisseau de Condat [16 kilom. de cours], dont 5 dans le canton de Crocq, prend sa source près de la Mazière-aux-Bons-Hommes, traverse l'étang de Létrade et sort bientôt de la Creuse pour rentrer dans le Puy-de-Dôme. La Saunade [22 kilom. de cours], dont 9 dans la commune de Mérinchal, a sa source à l'est de Mérinchal, traverse l'étang du Mondayraud, sort du département à Lazereix et va tomber dans le Sioulet au-dessous de Pontaumur.

Commerce. Industrie. Productions. — Les nombreuses foires du pays sont pour les habitants une occasion de transaction fort utile. C'est là que se vend le bétail élevé dans la contrée et les céréales de la région, le principal revenu des habitants. Mais le pays est trop pauvre pour nourrir tous ses habitants, lesquels se livrent, en général, peu à l'agriculture moderne. Le climat s'oppose à la plantation de la vigne. Une partie des habitants émigre dès l'âge de 15 ans, mais revient avec le froid pour repartir au printemps. Rentré dans la maison paternelle, le jeune ouvrier dispose des produits de son travail pour sa famille. Dès l'âge de 20 ans, les fils vont, en grande partie, travailler sur les chantiers des chemins de fer, ou bien à Lyon, à Paris, à Saint-Etienne, soit comme maçons, tailleurs de pierre, tuiliers, plâtriers, peintres en bâtiments, etc. De tels hommes actifs et laborieux, probes, patients, économes, rapportent l'aisance dans leurs foyers et vivifient la contrée.

Costume. Langage. Danses, etc. — Les modes d'aujourd'hui sont introduites partout. On trouve peu d'anciens costumes dans nos deux cantons ; mais le langage est encore, dans bien des villages, celui de l'ancien patois qui tient du latin, du celtique et qui a des tournures italiennes et espagnoles. Les vieilles danses, la *bourrée*, la *montagnarde*, les vielles, les musettes s'en vont. Cependant, dans les fêtes paroissiales on entend, presque toujours, la vielle. La *bourrée*, pas de deux, est une danse originale et gracieuse. La *montagnarde*, plus sévère et plus lente, se danse en nombre. Nous donnons cette dernière danse, avec les costumes d'il y a plus de 50 ans.

Superstitions. — Jadis, on croyait beaucoup aux sorciers dans nos deux cantons; mais, de nos jours, la crédulité publique, bien que réelle dans certains villages retirés, n'est pas grande à leur endroit. Toutefois, on attribue à certains *rebouteurs*, des talents particuliers pour les fractures, et, leurs bonnes opérations, d'après ce que l'on croit, seraient dues à des pratiques secrètes. On croyait aussi au lutin, au loup-garou et l'on contait jadis bien des histoires de revenants pour terrifier les enfants. Bien des légendes ont encore passé de père en fils à ce sujet.

HISTOIRE GÉNÉRALE
DEPUIS LES TEMPS LES PLUS RECULÉS JUSQU'A NOS JOURS

Temps préhistoriques. — Bien longtemps avant Jésus-Christ, les Gaulois peuplaient ces régions et vivaient sous des huttes, d'une manière pauvre. C'étaient, cependant, des guerriers audacieux et habiles. Leurs prêtres, appelés *druides* élevaient des monuments ou autels en pierre, appelés *dolmens* sur lesquels, dit-on, ils faisaient des sacrifices. D'autres disent que ces monuments, appelés aussi *pierres levées,* sont des tom-

DANSE DE LA MONTAGNARDE
(au temps jadis).

beaux de chefs gaulois, ce qui est plus probable. Il existe de beaux dolmens, savoir dans le bois d'Urbe, près de Crocq, et à Saint-Georges-Nigremont.

Époque gallo-romaine.— Après la conquête de la Gaule par César [49 ans av. J.-C.], les Romains couvrirent le sol de constructions diverses, de villas, de bains, des stations militaires, etc. Le canton de Crocq était traversé par une belle voie romaine, créée sans doute dès le premier siècle de l'ère chrétienne. Cette voie partait d'Augusto-Nemetum (Clermont-Ferrand) passait au-dessus du puy de Dôme, allait à Couheix, près d'Olby, à Gelles, à Beauclair (Puy-de-Dôme) non loin de Voingt où existait une importante ville romaine que l'un de nous [Ambroise Tardieu] a fouillée, en 1882, un temple, avec de belles peintures murales [semblables à celles de Pompeï, en Italie], un aqueduc souterrain, une nécropole [cimetière], un amphithéâtre. Les fouilles de Beauclair ont eu un grand retentissement dans le monde savant. Nous donnons le plan de cette découverte intéressante. On a lieu de croire que Beauclair est la station de *Fines* de la carte de Peutinger, au IVe siècle. De Beauclair, la voie romaine gagnait Giat et passait près de Fernoël, puis entrait dans la Creuse. Elle arrivait près de Crocq, sur ses bords et non loin de cette ville, M. le comte Cornudet, qui fit faire des fouilles archéologiques, trouva, il y a environ 30 ans, de magnifiques urnes funéraires en verre et des objets d'incinération [un petit gril, une cuillère de fer, etc.] conservés à Crocq par son descendant [M. le comte Cornudet]. De Crocq la voie romaine passait à Pont-Charraud. Elle suivait, du reste, un chemin qui a servi, pendant tout le Moyen-Age, pour le passage des troupes en campagne et celui de la poste. De Pont-Charraud, la voie allait, par diverses étapes, à Limoges

Passage de saint Martial. — L'introduction du christianisme dans le Limousin remonte, dit-on, au premier siècle. Ce qu'il y a de certain c'est qu'il est dû à l'apôtre saint Martial qui vint prêcher la foi à Limoges. Martial passa à Augusto-Nemetum (Clermont-Ferrand), à Beauclair, ensuite près de Crocq [qui très probablement n'existait pas encore], à Ahun, enfin à Limoges. D'autres affirment que saint Martial n'est arrivé qu'au milieu du troisième siècle.

Ere franque et barbare. — Sur le territoire de la commune de Saint-Georges, eut lieu une rencontre, en 555, entre Chramme et ses frères Caribert et Gontran, fils du roi Clotaire, qui se disputaient la succession de leur père avant qu'il fût mort. Au moment où les deux armées s'ébranlaient, il s'éleva une violente tempête qui empêcha la bataille. La tradition a conservé l'emplacement des deux camps que les habitants indiquent avec un certain orgueil.

Les Sarrazins [Arabes] ravagèrent le Limousin et l'Auvergne en 732. Ils massacrèrent les populations en haine de la religion chrétienne; car ils étaient musulmans. Ils venaient d'Espagne.

Ere féodale. — Avec le roi de France Hugues Capet, à la fin du xᵉ siècle, les monticules se couvrirent de forteresses et de donjons; beaucoup de villes furent créées autour de ces constructions féodales, grâce à leurs franchises et privilèges. En 997, le pays de Combrailles fut ravagé par *le mal des ardents*, lequel consistait en un feu horrible qui consumait les

victimes intérieurement. La famine s'en mêla. De sorte que
l'évêque de Limoges [Hidin] permit de manger de la viande
pendant le carême. La première croisade prêchée à Clermont,
en 1095, eut pour résultat de faire partir une foule de seigneurs
de la région qui nous occupe. Beaucoup y périrent ; peu revin-
rent de cette lointaine expédition. Guillaume de Villelume,

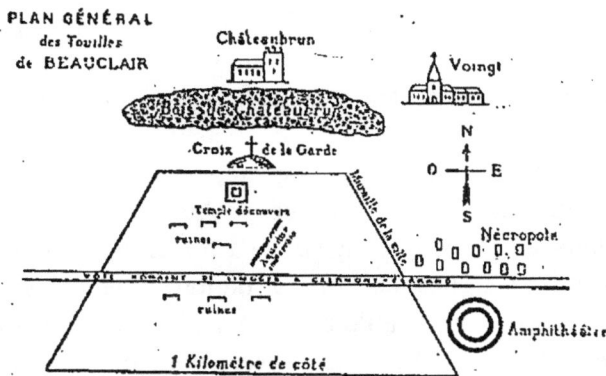

PLAN DES FOUILLES DE BEAUCLAIR (v. page 7).

chevalier, seigneur de Villelume, près de Mérinchal, escalade
l'un des premiers les murs de Jérusalem, avec Godefroy de
Bouillon, en 1099. Il avait pris, aux musulmans, un drapeau
d'azur portant 10 besants d'argents et qui, depuis, devint les
armes de sa maison. Ce précieux drapeau fut conservé jusqu'à
la Révolution française, parmi ses descendants, au château de

Barmontet, dans une boîte de plomb; mais, à cette époque, il fut détruit, ce qui est bien regrettable.

En 1181, des bandes d'aventuriers, appelés *Cottereaux*, se rendant en Aquitaine, à la solde des Anglais, ravagèrent la Marche. Les environs d'Auzances et de Crocq ne furent pas épargnés. Les habitants de ces contrées les combattirent et les taillèrent en pièces près de Guéret. D'autres bandes du même genre, appelées *Barbançons, routiers*, reparurent en 1186, appelées par suite des discordes survenues entre Richard, Henri et Geoffroy, fils d'Henri II, roi d'Angleterre. Une de ces troupes, dite des *Mercadins*, pilla plusieurs localités du pays.

1196. Robert, Dauphin d'Auvergne, seigneur de Crocq et Guy II, comte d'Auvergne, seigneur d'Auzances, se trouvèrent engagés dans la guerre que leur fit le roi Philippe Auguste. En effet, il s'étaient ligués contre ce monarque qui les battit et leur prit diverses terres, qu'il rendit en 1199. Ils firent ensuite la guerre à Robert d'Auvergne, frère de Guy II qui précède. Philippe Auguste envoya de nouveau une armée contre Guy II et Robert Dauphin [1209]; celle-ci s'empara de presque toutes les places de ces deux grands seigneurs et sans doute de Crocq et d'Auzances. Cette guerre dura jusqu'en 1213. Elle avait pour chef, du côté du roi, Guy de Dampierre, seigneur de Bourbon.

En 1287, Simon de Beaulieu, archevêque de Bourges, en tournée pastorale, vint dans le diocèse de Clermont et la région

de Croq. Ce prélat était accompagné d'un nombreux personnel,
que devaient nourrir les églises et monastères visités, ce qui
était fort onéreux. Baluze a fait connaître cette tournée dans sa
publication dite *Miscellanea* [Mélanges tome IV].

1293. On constate la présence des Juifs dans diverses localités d'Auvergne et de la Marche. Il y en avait alors une colonie
à Herment (Puy-de-Dôme), et une autre à Aubusson (Creuse).
Elles trafiquaient alors aux foires de Crocq et à celles des alentours. Ces colonies quittèrent le pays lors des persécutions
contre les Israëlites, au XIVᵉ siècle.

1309. Les Templiers d'Auvergne, incarcérés au nombre de 69
au château de Montferrant, furent interrogés dans le palais
épiscopal de Clermont. Il possédaient des biens dans notre contrée, notamment la commanderie du Montel-au-Temple (canton d'Auzances.) Tout le monde connaît la triste affaire des
Templiers et l'injustice qui pesa sur eux en supprimant leur
Ordre [1312]. Leurs biens passèrent en grande partie à l'Ordre de Saint-Jean de Jérusalem.

Guerre de Cent ans [1346-1453]. — Le roi d'Angleterre
Edouard III, petit-fils de Philippe-le-Bel par sa mère, préten-
dit avoir plus de droits au royaume de France que Philippe VI.
Ainsi commença cette terrible et longue guerre, dite *guerre
de Cent ans*, qui débuta par la bataille de Crécy [1346] et ne
fut terminée que par celle de Castillon [1453] qui nous rendit
la Guyenne. Lamentable à jamais fut cette époque désastreuse
pour notre pays ! L'armée anglaise se fit seconder par des *rou-*

tiers, vrais brigands qui mettaient tout à feu et à sang. Personne n'osait s'aventurer dans la campagne ; toutes les transactions furent suspendues ; la misère devint générale. Au mois d'août 1354, les hommes d'armes chargés de garder l'Auvergne et les frontières de Crocq résidaient à Herment (Puy-de-Dôme). Ils étaient commandés par *Amblard de Chaslus*, chevalier, et *Aubert de Chaslus*, chevalier, seigneur du Puy-Saint-Gulmier. Dix ans après la bataille de Crécy, Edouard, prince de Galles (1), dit le prince Noir, intrépide fils d'Edouard III, dont la tradition se rappelle avec terreur, débarqua en Guyenne, traversa le Limousin et battit l'armée française à Poitiers [1356], défaite sanglante où le roi Jean fut pris et fait prisonnier. Aussitôt après le désastre de Poitiers, les Anglais et les routiers envahissent la Combraille. Une ordonnance du 19 juillet 1357, du roi de France enjoignait bien aux baillis d'Auvergne et du Limousin de visiter les forteresses, de les réparer de les fortifier, d'y mettre des vivres, de l'artillerie aux dépens des seigneurs des lieux ; mais ce fut peine inutile. Les Anglais prirent bientôt un grand nombre de places. La forteresse de Sermur tomba en leur pouvoir [1357] ; celle de Crocq eut, peu après, le même sort et le château de Villelume, près de Mérin-

---

(1) Edouard prince de Galles, fils d'Edouard III, roi d'Angleterre et de Philippine de Hainaut, né en 1330, mort en 1376. Il fut surnommé le *prince Noir* à cause de la couleur de ses armoiries ; traversa [1356] l'Agenois, le Limousin, le Berry et vainquit la France à Poitiers [1356] à la suite de laquelle bataille il envahit l'Auvergne et la Marche par le Limousin. En 1370, il fit le sac de Limoges.

cha) fut également détruit dans ces ravages [1357]. C'est alors
[1357] que les états tenus pour le pays de Combraille firent une
assiette de l'impôt pour la défense du pays (1). C'est un document curieux pour l'histoire des cantons d'Auzances et de Crocq
que cette assiette du xive siècle, où figure l'état de chaque paroisse.

15 avril 1358. Traité fait à Herment par les États provinciaux
d'Auvergne, au nom de leurs délégués, représentant le roi de
France et ceux d'Arnaud de Lebret [ou d'Albret], seigneur de
Cubzac [représentant le roi d'Angleterre] au sujet de la reddi-
tion du château de Sermur, que devaient remettre les Anglais
moyennant 3,000 pièces d'or dites moutons d'or [parce qu'elles
portaient un agneau] (2) ce qui eut lieu.

1359. A la fin de l'année, Robert Knowles, chef anglais,
envoyé par Edouard III, vint en vue de Clermont; mais il
fut repoussé par la noblesse du pays et se dirigea du côté de
Limoges en passant vers Crocq (3).

8 mai 1360. Traité de Brétigny qui assure aux Anglais la
Guyenne et le Limousin. Sur les limites occidentales de l'Auvergne, Herment et Crocq devinrent villes frontières, ce qui
leur fut funeste ; car les routiers étaient constamment en vue de
leurs murs et les habitants étaient obligés de faire bonne garde.

(1) *Bibliothèque Nationale*, n° 23915. Manuscrits.
(2) Voir ce traité, *Histoire de Clermont-Ferrand*, par A. Tardieu,
tome II.
(3) Froissart, t. 1, c. 102.

ÉDOUARD D'ANGLETERRE

Prince de Galles, dit le *prince Noir*, dont les troupes ont ravagé le
pays de Combraille et pris le château de Sermur (1357) et la
ville de Crocq (Creuse). Portrait pris sur une gravure de 1584.

1367. Charles V prescrit de réparer les forteresses d'Auvergne qui ont souffert des Anglais.

1380. Les Etats provinciaux d'Auvergne font placer 40 hommes d'armes sur les frontières vers Herment et Crocq; ce qui n'empêche pas la forteresse de Chavanon [canton d'Eygurande, Corrèze], dans la région, d'être occupée par les Anglais ; mais, peu après, Louis de Sancerre, maréchal de France, la reprit. L'année suivante [1383], Herment tomba au pouvoir des Anglais, comme le font connaître les archives de Montferrand.

1392. La fin de la lutte contre les Anglais se dessine vers cette année. Le célèbre Boucicaut (1), maréchal de France, s'empara de l'un des remparts des Anglais près de Clermont, en Auvergne, c'est-à-dire de la Roche d'Onnezat (2) qu'il fit raser. L'année suivante [1393], du 1er juin au 1er août, il séjourna avec son armée, à Herment, sur les frontières de l'Auvergne, pour surveiller les Anglais dans la région, jusqu'à Crocq (3).

1440. Année de la Praguerie, nom donné à un soulèvement de l'aristocratie contre Charles VII qui, mécontente d'une armée permanente, mit à sa tête le duc de Bourbon [sei-

---

(1) Jean le Maingre, dit Boucicaut, né à Tours en 1365, mort en 1421, l'un des grands hommes de guerre du XIVe siècle. Ses Mémoires, publiés, ont probablement été écrits sous ses yeux.
(2) Aujourd'hui la Roche-Blanche (Puy-de-Dôme).
(3) Voir les 2 monstres d'armes ou revues que passa ce maréchal, à Herment, en 1393 (Auvergne illustrée, par A. Tardieu, année 1886).

JEAN LE MEINGRE, DIT BOUCICAUT

Célèbre maréchal de France († 1421). A chassé définitivement les Anglais de l'Auvergne (1392) et les a surveillés à Herment, non loin de Crocq et d'Auzances (1393). Portrait pris sur une gravure du XVIe siècle.

gneur d'Auzances], le duc d'Alençon, Dunois, Chabannes, etc, et entraîna le Dauphin [depuis Louis XI]. Une soumission humiliante s'en suivit en faveur de Charles VII. Les villes de la Combraille, notamment Chambon, Evaux, Auzances, etc., s'étaient tournées contre le roi. C'est l'année précédente [1439] que le roi Charles VII et Louis, dauphin, son fils, étaient passés à Auzances (Voir *Auzances*).

1523. Dans la nuit du 8 au 9 septembre, le connétable Charles III de Bourbon, seigneur d'Auzances, fugitif de Chantelles, poursuivi par les émissaires du roi François Ier, passa sur les limites orientales du canton d'Auzances, près du château des Monneyroux et de l'étang de Chancelade pour venir coucher à Herment. Ce fut le commencement de sa triste défection qui amena la funeste bataille de Pavie et la prise du roi François Ier [1525].

Guerres de religion. — On appelle, sous ce nom, les guerres civiles enfantées par les luttes à mains armées entre les catholiques et les protestants, au xvie siècle. Ces guerres durèrent plus de 30 ans [1562-1594]. Les *réformés* ou *Huguenots*, beaucoup moins nombreux que les catholiques, qui ne les ménageaient guère, firent aussi une guerre féroce. Peu de grands combats, mais des batailles acharnées entre des armées peu nombreuses. Les moindres bourgades, qui étaient alors entourées de murs, furent assiégées, prises et reprises. Des bandes d'aventuriers couraient le pays, pendaient les prisonniers, massacraient les femmes et les enfants. Henri I de la

CH.-EMM. DE SAVOIE, DUC DE NEMOURS

Chef de la Ligue en Auvergne (1590-1592), d'après un portrait
de la galerie de Versailles.

Tour d'Auvergne, vicomte de Turenne, maréchal de France, baron de Crocq, se donna aux protestants par horreur de la Saint-Barthélemy et devint le chef du protestantisme dans le Limousin (1575).

1576. Jean II de Durat, seigneur des Portes, bailli de la Combraille, capitaine des châteaux d'Auzances et de Sermur, lève des troupes bat les Protestants et les chasse de la contrée ; mais pour quelque temps seulement.

Juillet 1577. François, duc d'Alençon, frère du roi Henri III, après avoir réduit les Huguenots en Auvergne et pris sur eux la ville d'Issoire (Puy-de-Dôme), qu'il détruisit de fond en comble, passe près de Crocq, en se rendant à Aubusson, puis à Bourganeuf et à Limoges.

La Ligue. [1587-1594]. — Après la Saint-Barthélemy, il se forma un parti nouveau qui consentait à accorder la tolérance aux Protestants pourvu qu'ils se soumissent au roi. Henri III le favorisa. Les catholiques exaltés, qui ne pouvaient supporter l'existence des hérétiques, fondèrent alors la *sainte Ligue*, qui avait pour but de donner le trône à Henri de Guise ; car Henri III n'avait pas d'enfants et la couronne devait revenir à Henri de Navarre, chef des Protestants. Mais Henri de Guise fut assassiné et les ligueurs se déclarèrent contre le roi. Les territoires d'Auzances et de Crocq furent assez divisés : 1° le seigneur de Crocq [Henri Ier de la Tour d'Auvergne] était le chef des Protestants et fort influent ; il maintint la ville de Crocq au profit des réformés ; 2° Louis III, duc de Bourbon-

CHARLES DE VALOIS
Comte et gouverneur d'Auvergne
(Chef des royalistes pendant la Ligue (1590-1592).

Montpensier, seigneur d'Auzances [+ 1582], puis son fils, le duc François, étaient des catholiques, décidés à suivre la voie de leurs ancêtres. Les territoires de Crocq et d'Auzances virent souvent les Ligueurs, soit de l'Auvergne, soit de la Marche. Les Ligueurs de l'Auvergne avaient alors [1591] pour chef *Ch.-Emmanuel de Savoie, duc de Nemours* [dont nous donnons le portrait]. Les troupes de ce grand seigneur étaient en partie à Pont-Charraud, près de Crocq, en 1591, et maltraitèrent fort le pays. Les royalistes d'Auvergne, de leur côté, vinrent aussi porter les armes autour de Crocq et d'Auzances. Ils avaient pour chef *Charles de Valois*, nommé gouverneur d'Auvergne par le roi [1592], apanagé du comté d'Auvergne par Catherine de Médicis. C'était un grand nom, un grand guerrier qui s'était déjà couvert de gloire aux journées d'Arques et d'Ivry. [Nous donnons son portrait.] Après la victoire du roi de Navarre, à Coutras [1587], deux de ses capitaines pénétrèrent dans la Marche; c'étaient Fourest-Vieille et Lamorie; celui-ci était mestre de camp du baron de Crocq. Fourest-Vieille fut tué devant Ahun, et son compagnon d'armes [Lamorie] se rendit avec les siens [juin 1588]. Battus du côté d'Ahun, les religionnaires se maintinrent à l'est de Crocq, où, en octobre 1588, ils prirent la ville d'Herment, qu'il pillèrent. Aussi, en 1589, Henri III rappelant au comte de Randan, gouverneur d'Auvergne, sa lettre du 6 novembre 1588, qui lui laissait tout pouvoir de mettre telle garnison qu'il jugerait convenable dans les villes les plus exposées, aux ravages des Huguenots, lui prescrivait de placer une compagnie de 60 soldats à Herment et une autre de 40 à Crocq, à cause des relations avéc le Limousin et la Marche.

1592. Insurrection des *Croquants*, pauvres gens réduits à la misère, dont on connaît le curieux manifeste que voici, d'après les *Mémoires* manuscrits de Pierre Robert, du Dorat, à la Bibliothèque de Poitiers :

« Communes assemblées, Messieurs, nous vous mettons au rang
« des gens de bien, voilà pourquoi nous vous prions vous armer
« incontinent comme nous, pour la juste et saincte occasion que
« nous en avons et nous empêcherons et éviterons mille voleries et
« assassinats, exactions, pilleries et pétardements qu'ont accoutumé
« de faire cy devant un tas de voleurs et bridevaches, et nos bergers
« garderont nos vaches et nous, nous mangerons notre pain sans
« être plus gênés et tyrannisés comme nous avons été par cy de-
« vant, et ce faisant nous ne pourrons faillir que ne tenions la
« province en paix, sous l'obéissance de Dieu et du roi, vous
« protestant où vous n'obeirez pas au contenu ci-dessus, que vous
« nous aurez ordinairement sur les bras et nous prendrons tous vos
« biens »

Cette révolte fut dite des *Croquants*, parce que la ville de Crocq en devint le principal centre d'action [1592]. D'Aubigné *(Histoire,* III, p. 382) dit positivement qu'elle reçut ce nom parce que la première bande qui prit les armes « était d'une paroisse nommée *Croc*, en Limosin ». Toutefois, d'après de Thou, ce nom vient de ce que les révoltés criaient : « *Aux croquants!* » c'est-à-dire à ceux qui croquaient les pauvres gens.

1617. Il y eut, cette année, une vive alerte parce que le duc de Bouillon, baron de Crocq, chef des protestants, n'avait pas renoncé à ses projets de faire réussir son parti. Les murailles de Crocq furent alors réparées et le gouverneur d'Auvergne, apprenant les intentions du duc de Bouillon, se rendit précipitamment en Auvergne pour y occuper son poste et surveiller attentivement. (Voir Crocq.)

1631. Un Allemand, *Abraham Golnitz* [né à Dantzig] a publié, en 1631 (1), un très curieux voyage de Limoges à Clermont en Auvergne, etc. Parti de Felletin, il se rendit à Crocq ; de là, en Auvergne, à Saint-Avit, par le chemin de la poste. Laissons parler le narrateur :

« On voit Montcharraud [lisez *Pontcharraud*], village distant d'une lieue [de Felletin] ; la ville de *Croye* [Crocq], bourg avec une citadelle distante de 2 lieues. On traverse par des chemins escarpés, des cols ardus. Enfin, nous débarquons à Auchère, village situé à une lieue plus loin. C'est là, certes, un chemin pénible par ses montées et ses descentes. Les gens sont rudes et vivent grossièrement. Leur vin acide leur paraît un nectar. Il rend malade les étrangers. Il n'y a point de vin dans ce pays. Le vin qu'on y boit vient de Clermont à dos de mulets et fermé dans des outres. Là, dès le commencement du dîner, le ciel se couvrit de subites ténèbres ; bientôt la pluie, le tonnerre et les éclairs On dit que les orages sont fréquents ici, à cause de la proximité des montagnes d'Auvergne. Le bruit de la foudre et des éclairs disparaissent, nous continuons notre chemin en passant par quelques villages de la Marche [frontière du Limousin et de l'Auvergne] jusqu'à ce que, par le fond d'une ombreuse et agréable vallée, nous descendons au bourg de Pontaumur. »

1795. La *chouannerie*, qui substitua aux batailles de la

(1) L'ouvrage de Golnitz, fort rare, est en latin, intitulé : *Abraham Golnitzii Dantisc. Ulysses Belgico-Gallicus tibi dux et Achates per Belgium Hispan. Galliæ ducat. Sabaudiæ Turinum usque Pedemontii Metropolim. Batav. Ex off. Elzeviriana.* 1631, in-12. La partie concernant l'Auvergne a été traduite en français et publiée, en 1882, par A. Tardieu, in-8, 15 pages.

Vendée, la guerre d'embuscade, fit son apparition aux alentours de Crocq. Une troupe que l'on nommait *de Leyval* (1),
du nom de son chef présumé, se cantonna sur les frontières
de la Creuse et du Puy-de-Dôme, près de Crocq, pendant
l'an III et l'an V, défiant les autorités. Elle reparut vers la fin
du Directoire [1799].

1887 [Juin]. Ouverture du chemin de fer de Montluçon à
Eygurande [section d'Auzances à Eygurande] qui porte la civi-
lisation dans ce pays jusque-là déshérité.

(1) Il s'agit de *M. Dauphin de Leyval*, fils du dernier baron du
Montel-de-Gelat. Il était secondé par M. Sersiron de la Besse (né
aussi au Montel-de-Gelat). Celui-ci fut arrêté, en 1801, conduit à
Paris et renfermé dans la prison de la Force. Son souvenir est encore vivant dans le pays.

AUZANCES

Auzances, chef-lieu de canton, à côté du chemin de fer de Mont-luçon à Eygurande, est bâti sur un coteau qui était autrefois environné d'étangs, près du ruisseau de l'Étang-Neuf, qui va se jeter dans le Cher à 1 kil. plus bas. Cette ville dépendait, avant 1789, de l'Auvergne et du Parlement de Paris, de l'intendance de Moulins (1). Elle était une des cinq châtellenies du pays de Combraille.

Population. — En 1357, il y avait 146 feux à Auzances; en 1720, 1,181 habitants et, actuellement, 1,246.

Étymologie. — Le nom d'Auzances [aux Anses, ad Ansas?] viendrait peut-être, du nom d'un capitaine romain Auxancius? Quoi qu'il en soit, voici les diverses orthographes qu'a subies son nom :

Villa quæ vocatur Ausencia, 1224 [Baluze, Hist. de la maison d'Auvergne, II, 84] ; Castellania de Ozance, 1372 [idem, 180] ; Chas-tiau de Ausense, 1326, [idem, 185] ; Auzance, 1395 [idem, 203] ; Au-sancia, 1375 [idem, 185] ; prior de Ausancia, xive siècle [Pouillé] ; apud Auzanciam, 1185 ; apud Alsanciam, 1195 ; Mensura de Ausan-cia, 1209 [Cartulaire de Bonlieu] ; Auzance 1536 ; Mensura Ausencie 1324, 1445 [cartul. de Bonlieu] ; villa Aussencie, 1404 [terrier de Chambon] ; Franchese d'Ouzance 1504 [terr. d'Evaux].

---

(1) Le pays de Combraille, dont faisait partie Auzances, fut réuni à la généralité de Moulins, par édit du 26 septembre 1587.

Histoire générale. — La ville d'Auzances semble remonter à l'époque gallo-romaine. Une preuve certaine de son origine antique, c'est qu'il y a environ 40 ans, en creusant, les fondations d'un pont, sur le ruisseau du Rambaud (route de Pontaumur à Montluçon), on découvrit une médaille d'Auguste [grand bronze], une autre de Nerva [grand bronze] et trois autres qui étaient entièrement frustes, ainsi qu'un fragment de boucle de ceinture en or et une petite épingle de même métal ciselée dans toute sa longueur. Ces objets étaient enfermés dans une cavité de rocher et recouverts de 2 m. 50 de terre. En 1853, on a aussi découvert, à Auzances, un certain nombre de médailles gauloises en or ou plutôt en *electrum*. Quelques-unes portaient d'un côté une tête laurée et le cheval libre au revers, avec une harpe triangulaire ou un carquois au-dessous (*Bullet. Soc. arch. Limousin*, IV, 185). Ce fait indique que les Gaulois séjournèrent eux aussi, avant les Romains, sur le territoire d'Auzances. M. le docteur Mazeron a recueilli, près d'Auzances, une sépulture romaine qui renfermait une espèce d'épingle d'argent, que l'on croit un instrument de chirurgie. Près de la ville, un autre habitant d'Auzances, a aussi recueilli diverses antiquités romaines, dont une sonnette de bronze carrée.

1357. Le pays d'Auzances fut dévasté par les Anglais. On croit même que le château de cette ville fut occupé par eux.

Au mois de mars 1439, le roi Charles VII et le dauphin, son fils [depuis Louis XI], passèrent à Auzances en venant de Li-

m'oges et de Guéret et logèrent dans le château, puis ils conti-
nuèrent leur route par Montaigut en Combraille et Riom. [*Chro
nique de saint Martial*, p. 213] (1). Ils avaient, dans leur
suite, Charles d'Anjou, frère de la reine, et le bâtard d'Orléans.

En 1440, pendant la *Praguerie,* le duc de Bourbon, seigneur
d'Auzances, fut l'un des violents adversaires du roi et fit subir
sa révolte à sa ville d'Auzances. Mais, dit l'histoire, les villes
de la Marche qui avaient embrassé la cause de leur seigneur
virent avec joie la paix faite avec Charles VII, la même année.

En 1669. *Jean Le Jeune,* dit le Père aveugle, célèbre prédicateur de la congrégation de l'Oratoire (2), prêcha une mis-
sion à Auzances, ainsi qu'on le voit dans la préface de ses *Ser-
mons,* imprimés, datée du 15 mars 1669, d'*Auxence,* en *Combrailles,* dédiée à Félix de Vialart, évêque de Châlons.

A la fin du XVIIe siècle, sous le règne de Louis XIV, Auzances devint, chaque hiver, le rendez-vous des troupes comman-
dées par le marquis Gaspard de Ligondès, brigadier des armées
du roi et seigneur de Châteaubodeau. Ce grand et vaillant général
mourut en 1729. Ses troupes étaient casernées à Châteaubodeau ; mais les officiers, dont l'aménité était proverbiale,
venaient constamment à Auzances, et faisaient l'admiration de

---

(1) « *El deinde apud Auzance et ad Montem aculum in Combral-
lia* ».

(2) *Jean Le Jeune,* célèbre oratorien, prédicateur, né à Poligny
(Jura) en 1592, mort en 1672.

toute la contrée. Leur régiment était l'un des mieux disciplinés qui se pussent voir.

1693. La ville d'Auzances était taxée, pour sa part de la taille [impôt], à 2411 livres 3 sous. La même année, fut imposée une autre taille de 772 livres 8 sous pour la cavalerie du régi-ment de Bourbon-Praslin et les dragons restés sur les frontiè-dans les environs, et la généralité de Moulins, pendant 150 jours de quartiers d'hiver.

1772. Le rôle de la collecte ou taille [impôt] d'Auzances s'é-lève à 7,590 livres 15 sous. Parmi les cotes, on remarque comme taxéesd'office, celles de Gilbert de Momet, châtelain de Sermur procureur fiscal à Auzances, de Jean-Baptiste de Laporte, pro-cureur fiscal de Sermur, de Gilbert de Momet, châtelain d'Au-zances et procureur du roi au dépôt à sel. Les exempts [comme nobles] sont: Arnauld, ancien garde du corps, M. Chabridon du Sallant, garde du corps, Momet, élu en l'élection.

1789. On organise des *ateliers de charité*, dans un moment de grande misère, à Auzances, à Vauchaussade, à Saint-Par-doux, près de Crocq, pour l'ouverture de la route d'Auzances à Clermont et d'Auzances à Aubusson *(Archives de la Creuse)*.

14 brumaire an II. Le conseil du comité de Guéret examina une pétition émanant des jeunes républicains d'Auzances, re-quis pour aller à la défense de la patrie et obtempéra à leur demande en révoquant, du grade de capitaine, *Alexandre de Chavanat de Montgour,* ancien chanoine-comte du chapitre de Saint-Julien de Brioude. — A la même époque, le citoyen

Barraud, chimiste et pharmacien à Auzances, étudiait les forces de la poudre et fut chef d'atelier des poudres et salpêtres du district d'Auzances. Cet atelier était établi dans l'église. Il fut, plus tard, transporté dans un local faisant partie de l'ancien château.

TOPOGRAPHIE DE LA VILLE

Auzances était fortifié d'un bon mur. Il reste quelques débris de murailles dans les jardins, du côté et au-dessus du faubourg des Cendres, et trois tours. Les fossés ont été entièrement comblés. La ville avait trois portes. L'une était au midi [près de l'église, au sud-ouest de cet édifice], l'autre à l'est et la troisième à l'ouest. Sous le règne de Louis XIV, murs et fossés devinrent inutiles. La plupart des villes commencèrent à abandonner ou démolir leurs murailles. Les portes d'Auzances n'ont même disparues qu'au xixe siècle. Quant aux fossés, ils étaient la propriété des seigneurs. Aussi voyons-nous que le duc d'Orléans, seigneur d'Auzances, donnait à ferme, par acte du 10 novembre 1748, à titre d'emphytéose, à six particuliers d'Auzances [Jean Martin et autres] la place de l'ancien fossé et murs de la ville d'Auzances, et que ce bail fut ratifié le 10 mars 1769 [*Archives nationales*, R⁴ 1019].

Auzances possède trois places : 1° celle de l'*Ouche*, qui rappelle, assurément, l'emplacement d'une *oche* ou champ servant

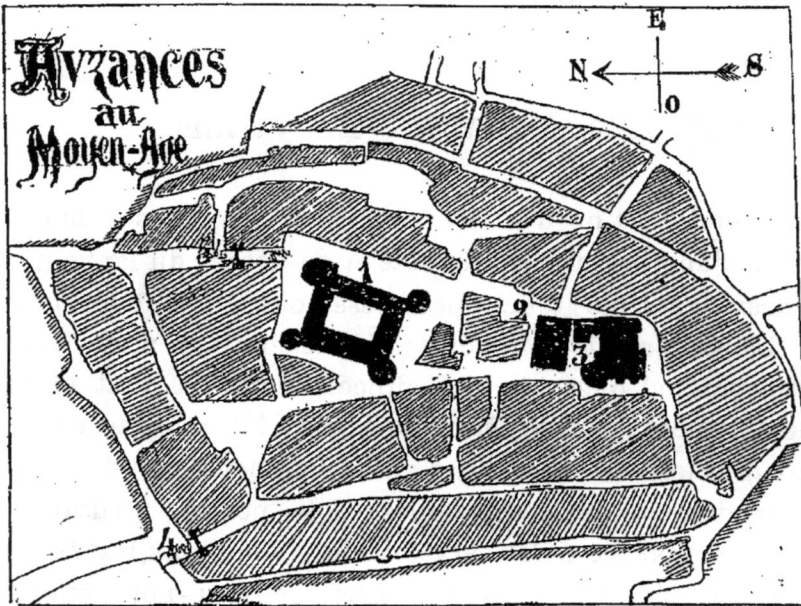

1. Le château féodal; 2. La halle (rebâtie telle qu'elle est, en 1719);
3. L'église; 4. Porte; 5. Porte; enfin, une porte (omise sur ce
plan) qui se trouvait au sud-ouest de l'église.

à faire paître les oies [du latin, *oca,* oie] ; 2° celle des *Terriers*, à côté d'un notaire féodal, qui conservait les *terriers* de la châtellenie ; 3° celle dite du *Château*, créée sur l'emplacement de l'ancien château féodal démoli. C'est sur la place des Terriers qu'on vendait tout ce qui était saisi dans la châtellenie.

Un faubourg d'Auzances, dit *des Cendres,* rappelle qu'il a été incendié soit par les ennemis, soit accidentellement.

La ville d'Auzances, habitée jadis par une nombreuse bourgeoisie, offrait le spectacle de maisons avec pignons sur rue. Il en reste fort peu. Nous avons, cependant, visité quelques habitations, dont l'une du xviie siècle, conserve de belles boiseries portant des M. M. ; d'autres conservent de vieilles portes ferrées solidement avec de gros clous placés artistement. Citons, sur la place de l'Ouche, une maison avec la date de 1670 et deux tourelles à cul-de-lampe dans les angles. Cette habitation a appartenu à la famille *Arnauld* [branche des Arnauld, d'Auvergne, seigneurs de la Ronzière, existante à Artonne]. Elle était la propriété, en 1754, de Gilbert Arnauld, garde du corps du roi, marié à Gilberte de Momet ; le même vivait encore en 1772. D'autres belles maisons, s'élevaient sur divers points de la ville et appartenaient aux familles de Beaulieu, de Momet, Chabridon du Saillant, de George, de la Porte, de Juge, de Giraud et sont encore en partie existantes.

Collège et Hospice. — En 1699, eut lieu une assemblée générale des habitants d'Auzances, au son de la grosse cloche, au sujet de l'établissement d'un *collège-hôpital* pour l'instruc-

tion de la jeunesse d'Auzances. Ce collège-hospice était fondé
par Marguerite Delarbre (1) qui donnait 1,000 livres pour l'ac-
quisition de la maison de Chez-Vialle et ses dépendances. Le
curé s'était engagé à fournir le surplus. Cette fondation fut
acceptée, le 6 novembre 1701. La demoiselle Delarbre s'en ré-
serva la direction. Il devait y avoir une salle pour les garçons
et une pour les filles et une autre pour les pauvres malades de
chaque sexe. A la Révolution, cet établissement fut mis en
vente ; mais les membres du Conseil général de la commune
réclamèrent, parce que, disaient-ils, la maison de Chez-Vialle
était le patrimoine des pauvres. Le docteur Rousseau a fondé
à Auzances, vers 1850, un *hôpital* dans sa propre habitation,
lequel a été enrichi, en 1864, par *M*lle *de la Porte* et par
d'autres personnes généreuses. Il fut d'abord dirigé par les
sœurs du Sauveur de la Souterraine et laïcisé, en 1883. Les
frères des Écoles chrétiennes dirigent aussi, à Auzances, depuis 1853, une école dûe en partie à *M. de la Porte*, ancien
juge de paix. En 1863, la municipalité, sur les conseils du
docteur *Mazéron*, a voté les fonds nécessaires à la construction de cette maison qui vient d'être laïcisée (septembre 1888).

(1) Cette dame appartenait à une ancienne famille d'Auzances.
Une croix ancienne, d'Auzances, porte le nom de dom Delarbre.
Marie Delarbre, d'Auzances, épousa Renaud Cornudet, élu en l'élection de Combrailles et conseiller de S. A. Mademoiselle de Montpensier, ancêtre de M. le comte Cornudet, de Crocq.

L'EGLISE

L'église d'Auzances est de divers styles. Une partie de la principale nef est romane ; le reste est ogival et de plusieurs époques. L'un des remaniements de cet édifice remonte aü xviie siècle, puisque l'on voit, à une clef de voûte, dans la nef, les *3 fleurs de lys et le lambel* des d'Orléans, seigneurs d'Auzances, qui y ont contribué assurément. Ces armes se voient aussi à la porte intérieure du *clocher*. Ce dernier est à 594 mètres d'altitude ; il a été reconstruit en 1857. Cette église, dans l'archiprêtré de Combraille, appelée *ecclesia Aentensis*, fut donnée, en 1163, par Gérald, évêque de Limoges, au monastère d'Evaux et lui appartint jnsqu'au xviiie siècle. Le monastère d'Evaux y avait une prévôté sous le patronage de Saint-Jacques-le-Majeur, qui était unie à la Chambrerie d'E-vaux en 1564. Il y avait une communauté de prêtres dans l'église d'Auzances, en 1564. Jacques Brousse prêtre, doct. en théologie de la Faculté de Paris, chanoine de Saint-Honoré dans cette ville, et communaliste d'Auzances, fonda une vicai-rie dans l'église d'Auzances, le 19 septembre 1640. Nous voyons, par un acte de 1675, que Michel Brousse, seigneur de Montpeyroux, procureur fiscal de la châtellenie d'Auzances, donne quittance d'une rente de 100 livres, constituée par le même Jacques Brousse, son oncle, pour la fondation de cette vicairie dans la chapelle de Saint-Joseph, en l'église d'Auzances, et que celle-ci avait alors un chapelain. Le curé d'Auzances était nommé par le prévôt d'Evaux et par l'évêque de Limoges depuis l'union, en 1747. *Jean Brousse*, bachelier en théologie, de la famille des précédents, était curé d'Auzances en 1699. *Aufaure*, curé d'Auzances, 1714 ; *Jacques Momet*, docteur en théologie, prieur-curé en 1753. Le 7 septembre 1784, la cure de Courleix fut supprimée et unie à celle d'Auzances. Le patron de la paroisse d'Auzances est Saint-Jacques-le-Majeur.

L'église d'Auzances possède, derrière le maître-autel, une toile de haute valeur, représentant *la descente de croix*. C'est une merveilleuse peinture de Daniel de Volterra *(Daniel Ricciarelli)* (1). On a cru que c'était une copie du célèbre peintre et du tableau qui est à Rome. Nous penchons à croire que c'est l'original même. Ce précieux tableau vaut bien 50,000 francs. [On en a offert 35,000]. Daniel de Volterra s'approcha beaucoup de la manière de Michel-Ange, son ami. Dans la *Descente de croix* d'Auzances, l'expression est admirable, le coloris des chairs et la teinte générale vigoureux ; le relief, l'accord et l'entente de l'art sont incontestables. On dit que ce tableau a été rapporté de Rome, vers 1664, par Jacques Brousse [mort en 1673], natif d'Auzances, curé de cette ville [en 1664], prêtre

---

(1) Né en 1509 à Volterra (Italie), mort en 1566. Il travailla au Vatican sur la recommandation de Michel-Ange, dont il fut l'ami. On cite sa *Descente de croix* [musée de Madrid]. sa *Descente de croix* à Rome, au musée de Saint-Jean-de-Latran [son chef-d'œuvre].

savant, dont nous parlerons. L'église d'Auzances possède, de plus, une sainte épine de la couronne de N.-S., rapportée de Pavie par le même Jacques Brousse. Il en reste encore trois à Pavie, laissées par les ambassadeurs de Saint-Louis. La population d'Auzances croit devoir à cette épine la protection contre la foudre qui ne tombe jamais sur la ville. Jacques Brousse a aussi donné à cette église une relique de saint Jacques, apôtre, dans un reliquaire en bois, en forme de bras.

Chapelles. — Il en existe deux anciennes, à Auzances : 1º celle de *sainte Anne*, au-dessous du faubourg des Cendres ; 2º celle de *sainte Marguerite*, plus petite, dans la ville. La première paraît être du xvᵉ siècle, au moins.

LA CHATELLENIE

Auzances était l'une des 5 châtellenies du pays de Combraille (1). [Les autres étaient Evaux, Chambon, Lépaud, Sermur].

Château féodal. — Situé dans l'intérieur de la ville. Il fut reconstruit, vers 1396, par Louis II, duc de Bourbon, seigneur d'Auzances. Il offrait un vaste rectangle, avec des tours rondes dans les angles, dont l'une plus forte. Il a été démoli vers 1830 et, sur son emplacement, on a créé la *place du château*, qui a été abaissée en 1870.

(1) Au xiiᵉ siècle, ce pays portait le titre de *baronnie (Baronia de Combralha)*. L'étymologie semble *cum broglia*, à cause de bois nombreux.

Capitaines du château. — *Jean de Durat*, chevalier, seigneur des Portes, qui fut nommé par lettres du 15 septembre 1515; *François de Durat*, chevalier, seigneur des Portes, fils du précédent [lettres du 20 décembre 1522] ; *Jean de Du-*

LOUIS II, DUC DE BOURBON

Seigneur d'Auzances et du pays de Combraille, mort en 1410 (d'après une miniature du livre manuscrit des hommages de la comté de Clermont, à la Bibliothèque nationale, fin du xive siècle).

rat, chevalier, seigneur des Portes [1553] ; *Denis de Durat,* né vers 1566, mort au siège de Montauban [en 1621].

Seigneurs d'Auzances. — Amélius I de Chambon, seigneur de Chambon, d'Auzances, en 1066, épousa Alix de Saint-Julien, héritière de sa maison. Il eut Amelius II, seigneur de Chambon, d'Au-

zances, du pays de Combraille, de Saint-Julien, en 1121, qui eut :
Amelius III, seigneur d'Auzances du pays de Combraille, [1175];
marié à Dalmase, dont Pétronille ou Perronelle de Chambon, dame
d'Auzances, de Chambon, du pays de Com-
braille, que quelques auteurs ont cru de la
maison de Bourbon, par erreur, dame d'Auzances, mariée, vers 1180, à Guy II, comte
d'Auvergne, de l'illustre maison des comtes
de cette province, dont Baluze a donné
l'Histoire généalogique [armes : d'*or*, *au gon*
fanon de gueules, frangé de sinople]. Celui-ci
testa au château d'Herment, en 1209, prêt à
partir contre les Albigeois ; il donnait 500 livres de douaire à sa femme [somme énorme
pour le temps]. Après la mort de son mari,
arrivée en 1222, elle se plaignit au pape Ho-
norius III, du refus qu'on lui faisait de son
douaire. Le pape commit Gui et Durand, ar-
COMTES D'AUVERGNE   chidiacres et Ar. Esparo, chanoine de Limoges, pour cette affaire. On lui donna la ville
d'Auzances [Martène, *Amplissima collectio*, I, 1089] (1) (2). Guy II et
Perronelle du Chambon laissèrent Guillaume X, comte d'Auvergne, seigneur d'Auzances, du pays de Combraille, qui testa en
1245, marié à Alix de Louvain, dite de Brabant, qui fit entrer dans
sa maison le comté de Boulogne, dont Robert V, comte d'Auvergne,
seigneur d'Auzances, du p. de Combraille, qui testa en 1277, marié
à Éléonore de Baffie, dont Robert VI, comte d'Auvergne, seigneur
d'Auzances du p. de Combraille [1277-1317], marié à Béatrix de
Montgascon, dont Robert VII, comte d'Auvergne, mort en 1303, marié, en secondes noces, en 1313, à Marie de Flandre, dont : 1º Jean I,
qui suit ; 2º Guy, archevêque de Lyon [1340], cardinal [1342], qui
fut seigneur d'Auzances et du pays de Combraille [1370] et mourut

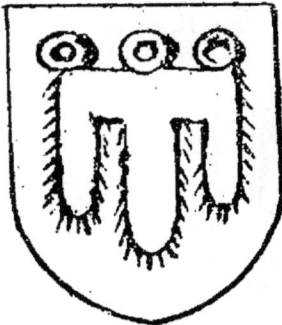

(1) Le roi Louis VII approuva, en mars 1224, cette attribution du
douaire de Perronelle du Chambon et ce fut Archambaud de Bourbon, qui détenait temporairement le pays de Combraille qui fut
chargé de le lui délivrer, ce qui avait fait croire par erreur que ce
même Archambaud était son père.
   (2) Voir la généalogie imprimée [16 pages] et une autre manuscrite
de la maison de Saint-Julien, *Cabinet des Titres, Biblioth. Nationale*, à Paris [registre 2758].

en Espagne en 1373. — Jean I, comte d'Auvergne, frère du cardinal Guy, qui précède, fut seigneur d'Auzances, du pays de Combraille et mourut en 1386, laissant de Jeanne de Clermont : Jean II, comte

MᵉPierre de giac chancelier de france

PIERRE DE GIAC

Seigneur d'Auzances et du pays de Combraille, en 1386
(reproduction d'une gravure de 1615).

d'Auvergne, seigneur du pays de Combraille, qui vendit Auzances, vers 1386, à Pierre de Giac, seigneur de Giac et de Châteaugay, chancelier de France. Celui-ci revendit la seigneurie d'Auzances et la terre de Combraille [vers 1390] à Louis II, duc de Bourbon, dit le

Grand et le Bon, comte de Forez et de Clermont en Beauvoisis, pair, grand-chambrier de France, l'un des gouverneurs du royaume pendant la démence du roi Charles VI, marié à Anne Dauphine d'Auvergne. Louis II mourut à Montluçon en 1410, laissant Jean I, duc de Bourbonnais et d'Auvergne, seigneur d'Auzances et du pays de Combraille, comté de Montpensier, etc., mort en 1434 (1), marié en 1401, à Marie de Berry, fille de Jean, duc de Berry et d'Auvergne, dont : 1° Charles, duc de Bourbon et d'Auvergne, et seigneur d'Auzances [1434-1442]; marié à Agnès de Bourgogne ; 2° Louis, comte de Montpensier et de Clermont, dauphin d'Auvergne, qui, par partage de 1412, fait à Issoire, en Auvergne, eut la terre de Combraille et devint ainsi seigneur d'Auzances. Il mourut en 1486 et fut enterré dans la sainte chapelle d'Aigueperse qu'il avait fondée. Il avait épousé, en 1443, Gabrielle de la Tour d'Auvergne, dont Gilbert de Bourbon, comte de Montpensier, dauphin d'Auvergne, seigneur du pays de Combraille, d'Auzances, vice-roi du royaume de Naples, etc. On écrit de lui : « Monseigneur de Montpensier était bon chevalier et hardi, mais peu sage et ne se levoit point qu'il ne fût midi ». Il mourut à Pouzolles [Italie] en 1496, et fut enterré à Aigueperse. Il avait épousé Claire de Gonzague, en 1482, dont : Charles III de Bourbon, duc de Bourbonnais et d'Auvergne, célèbre connétable de France, seigneur d'Auzances, du pays de Combraille, etc., comte de Montpensier, lequel, en 1523, quitta la France et eut le malheur de trahir sa patrie. Fugitif de Chantelle [1523] et se rendant à Herment secrètement, il passa près des Monneyroux, sur les limites du canton

JEAN I, DUC DE BOURBON

(1) Jean Ier de Bourbon, seigneur d'Auzances, est représenté dans l'armorial de G. Revel [à la Bibl. Nationale mss.], qui a été fait vers 1450, vêtu d'une sorte de tunique à ses armes richement brodée d'or et de pierreries dont les manches dentelées sont ouvertes et tombent fort bas. Son chapel relevé devant est rebrassé de fourrure Ses chausses sont rouges. La duchesse porte une robe longue à corsage d'hermine et à jupe armoriée. Son vêtement de dessus a des manches tombantes. Sa couronne, posée sur une aumusse fort riche, est formée de hauts fleurons ornés de pierreries. (Voir ci-contre)

d'Auzances Il mourut en 1527, au siège de Rome, ne laissant pas d'enfants de Susanne de Bourbon, sa femme et cousine, morte en 1521. En 1523, le séquestre fut prononcé sur tous les biens de Charles III de Bourbon. Louise de Savoie, mère du roi François Iᵉʳ, obtint, alors, tous les biens du même Charles III [1527] (1). Parmi ces terres se trouvait Auzances. François Iᵉʳ rendit une partie des biens de Charles III à Louis III de Bourbon, neveu de ce dernier [fils de sa sœur], né en 1513, dit le Bon, entre autres le pays de Combraille. En 1538, le comté de Montpensier fut érigé en duché-pairie en sa faveur, on y joignit le pays de Combraille et, par le fait, Auzances. Louis III, qui était gouverneur d'Auvergne, mourut en 1582. Sa vie a été publiée. Il laissa de Jacqueline de Longwy, François de Bourbon, duc de Montpensier, seigneur d'Auzances, du pays de Combraille, marié à René d'Anjou, marquise de Mézières et mourut en 1592, laissant Henri de Bourbon, duc de Montpensier, seigneur d'Auzances, du pays de Combraille, mort en 1608 ; marié à Catherine-Henriette de Joyeuse, morte en 1656, dont : Marie de Bourbon, duchesse de Montpensier, dame d'Auzances, du pays de Combraille, etc., morte en 1627, mariée, en 1626, à Gaston-J.-B. de France, duc d'Orléans, frère du roi Louis XIII, dont : Anne-Marie-Louise d'Orléans, duchesse de Montpensier, dame d'Auzances, du pays de Combraille, morte à Paris, en 1693, l'une des héritières les plus riches de la chrétienneté. On assure qu'elle épousa, secrètement, en 1681, le duc de Lauzun. Par son testament olographe, de 1685, elle légua Auzances et le pays de Combraille, Montpensier, à Philippe Iᵉʳ d'Orléans, son cousin-germain, mort en 1701, fils du roi Louis XIII ; celui-ci, Philippe II d'Orléans, duc d'Orléans, de Montpensier, seigneur d'Auzances, du pays de Combraille, etc., fut régent du royaume ; mort en 1723, père de Louis, duc d'Orléans, de Montpensier, seigneur d'Auzances, du pays de Combraille, etc., mort en 1752, père de Louis-Philippe, duc d'Orléans, de Montpensier, seigneur d'Auzances, du pays de Combraille, etc., mort en 1785, père de Louis-Philippe-Joseph, duc d'Orléans, de Montpensier, dernier seigneur d'Auzances,

(1) En 1527, après la mort du connétable, François Iᵉʳ, transigea avec Louise de Savoie, sa mère, à laquelle le pays de Combraille fut abandonné. Mais, par un second traité, d'août 1538, cette princesse le rendit à Louise de Bourbon, femme de Louis de Bourbon, prince de la Roche-sur-Yon et sœur du connétable, au profit duquel le comté de Montpensier fut érigé en duché [février 1538]. François Iᵉʳ joignit, depuis, à ce duché, le pays de Combraille [février 1540].

CHARLES III, DUC DE BOURBON († 1527)
Connétable de France, seigneur d'Auzances et du pays de Combraille
(D'après une gravure de 1584).

du pays de Combraille, etc., dit *Égalité*, mort à Paris en 1793, sacrifié par ceux dont il avait servi la cause. Ce dernier est le père du roi Louis-Philippe.

Jean I, duc de Bourbon, seigneur d'Auzances, mort en 1434, portait : *d'azur, à 3 fleurs de lys d'or, 2 et 1, au bâton de gueules en bande, brochant sur le tout;* son fils cadet, Louis, seigneur d'Auzances, son petit-fils, Gilbert et son arrière-petit fils Charles III, seigneur d'Auzances, portaient ce blason brisé, *en chef, d'un quartier d'or au dauphin d'azur.* Les de Bourbon, princes de la Roche-sur-Yon, seigneurs d'Auzances [1538-1608], portaient : *Ecartelé aux 1 et 4 d'azur, à 3 fleurs de lys d'or, au bâton de gueules en bande, chargé de 3 lionceaux d'argent brochant ; aux 2 et 3, d'arg. au chef de gueules, au lion d'azur, armé, couronné d'or, brochant.* Les ducs d'Orléans, seigneurs d'Auzances [depuis Gaston-J.-B. de France, jusqu'en 1789], *de France (3 fleurs de lys), au lambel à 3 pendants d'argent.*

Archives du château. — Ces archives, fort nombreuses, qui ont péri dans un auto-da-fé, en 1793, étaient placées dans une maison dite *maison des archives*, au bas du faubourg des Cendres, où l'on voit encore une voûte reposant sur un pilier.

La Justice. — Auzances, comme l'une des 5 châtellenies du pays de Combraille, dépendait du baillage d'Évaux, dont le juge prenait le titre de lieutenant-général. Le 20 août 1413, Giraudon, lieutenant-général du pays de Combraille, vint tenir ses assises [audiences] à Auzances. Ces assises avaient lieu tous les ans, à la même époque. Les appels du pays de Combraille étaient portés au tribunal ducal de Montpensier, à Aigueperse, suivant un règlement de 1614, moins certaines causes qui relevaient de la sénéchaussée d'Auvergne, à Riom. François Momet, avocat au Parlement, était châtelain, juge ordinaire d'Auzances, 1616; Jacques Momet, avocat en Parlement, châtelain, 1606 ; Jean Momet était seigneur des Farges, châtelain de la

HENRI DE BOURBON († 1608)
Duc de Montpensier, seigneur d'Auzances et du pays de Combraille.
(D'après une gravure du temps).

justice d'Auzances en 1680 ; Gilbert Momet le fut après lui, en
1707. Gilbert Momet, châtelain, d'Auzances, seigneur des Farges, 1750.

Le Grenier à sel. — Auzances a possédé, jusqu'en 1790, un
grenier à sel, supprimé avec les anciennes juridictions. Il comprenait un président, un lieutenant, un grenetier, un greffier,
un sergent. Ce bureau jugeait, en première instance, les con-
traventions à l'ordonnance et les autres différents concernant
l'impôt du sel. Antoine Becaine, sieur de Saint-Priest, déclara,
en 1771, que son office de procureur du roi du grenier à sel
d'Auzances et de Manssat valait 2,400 livres. Son prédécesseur
était Martin Chabrol, son beau-père.

ANCIENNE MUNICIPALITÉ

Les Consuls. — Dès une époque reculée, Auzances avait
une municipalité. Déjà, un acte de 1538 parle des consuls
d'Auzances. Les anciens seigneurs avaient accordé des franchises à cette ville. Il en est aussi parlé en 1538. Un territoire
appelée *la franchise,* situé autour de la ville, ne devait rien
au seigneur ; mais en revanche, ainsi qu'on le voit dans un titre [de 1538], la municipalité d'Auzances, représentée par ses
4 consuls, payait, chaque année, au seigneur, une *taille franche*
de 53 livres tournois, payable moitié au terme de Noël, moitié
à la saint Jean [*Archives nationales*, O. 20. 882]. Ces

ANNE-MARIE-LOUISE D'ORLÉANS († 1693)
Duchesse de Montpensier, dame d'Auzances et du pays
de Combraille. (D'après une gravure du temps, due à Moncornet.)

4 consuls étaient nommés tous les ans. Jacques Momet, seigneur des Jarasses, était maire perpétuel d'Auzances en 1706 ; autre Jacques Momet, seigneur de la Besse, était maire perpétuel d'Auzances et subdélégué de l'intendant, en 1750.

Armoiries d'Auzances. — La ville d'Auzances avait des armoiries qui ont été enregistrées, en 1696, dans l'*Armorial général de France* (1) [*Biblioth. nationale, manuscrits*] :

Fascé d'or et de gueules de 6 pièces, à une aigle éployée d'argent brochant sur le tout. Ces armes, malgré ce qu'ont affirmé certains publicistes, semblent parfaitement authentiques et n'auraient pas été imposées d'office par le juge d'armes chargé de l'armorial. En effet, le *fascé* semble rappeler le blason de la maison de Chambon, dont étaient les

ARMES D'AUZANCES

premiers seigneurs d'Auzances, au XIIᵉ siècle, et qui très probablement avaient donné une charte de privilèges et de franchises à la ville. Quant aux armoiries des d'Orléans, dans l'église d'Auzances, ce ne sont pas celles de la ville ; elles rappellent un remaniement de cet édifice auquel ont contribué les d'Orléans. Notons que cette famille n'a pos-

(1) Volume *Généralité du Bourbonnais*, folio 579.

LOUIS-PHILIPPE Iᵉʳ D'ORLÉANS, DUC DE MONTPENSIER († 1785)
Seigneur d'Auzances et du pays de Combraille
(d'après une gravure du temps).

VUE GÉNÉRALE DE LA VILLE D'AUZANCES

(PRISE DU CÔTÉ DU SUD).

sédé Auzances que depuis 1626 et qu'Auzances a des armes plus anciennes.

Commerce. — Il se fait, à Auzances, un petit commerce de toiles, de fil, de chanvre, de laine, de plumes, de cuirs, de sabots, de bétail de toutes sortes, favorisé par un marché qui s'y tient le mardi de chaque semaine. Il y avait jadis, sur le bord du ruisseau d'Auzances, dans le faubourg des Cendres, un grand nombre de tanneries renommées et des moulins alimentés par 2 étangs, desséchés depuis quelques années. Le commerce des cuirs était très important; ce qui avait valu aux habitants le nom de *pelauds* [marchands de peaux] qui leur est commun avec ceux d'Ussel (Corrèze), d'Herment (Puy-de-Dôme), etc.

Foires. — Ces foires semblent remonter à la fin du xii⁰ siècle et les marchés existaient en 1209, puisque la mesure des grains d'Auzances est indiquée cette année. Auzances a, de nos jours, 11 foires.

La Halle. — L'édifice actuel, situé à côté de l'église, a été rebâti à neuf, en 1719, sur le modèle de l'ancien, par les ordres du duc d'Orléans, régent du royaume, seigneur d'Auzances, par l'entrepreneur et charpentier Louis Janton de Mainsat, moyennant 1,300 livres. Il est composé d'une forte charpente en bois soutenue par des piliers en pierre de taille. Sur l'emplacement de cette halle, s'élevait anciennement un cimetière, qui a été transféré au midi, au bas de la colline.

PERSONNAGE DIGNE DE MÉMOIRE

Brousse (Jacques), né à Auzances, d'une ancienne famille de cette ville. Il fut prêtre communaliste d'Auzances, docteur en théologie, chanoine de Saint-Honoré à Paris. En 1610, il fonda une vicairie dans l'église d'Auzances, à la chapelle de Saint-Joseph. Il mourut le 7 novembre 1673. Ce fut un savant théologien On prétend qu'étant allé en Italie, il en remporta la magnifique Descente de croix, par Daniel de Volterra, de l'église d'Auzances, et une sainte Épine de la couronne de N.-S, prise à Pavie [conservée dans l'église d'Auzances] Auteur; il a publié : *Sermon sur la grâce; Lettre au sujet de ce sermon; Requêtes et mémoires au sujet de l'affaire des 5 propositions de Jansénius; Tableau de l'homme juste; Oraison funèbre de Louis le Juste; Vie du Père Anne de Joyeuse.*

FAMILLES ANCIENNES

Presque toutes ces vieilles familles sont éteintes :

Aufaure. Citons Michel Aufaure [1596], époux de noble Gabrielle de Fricon. Aufaure, curé d'Auzances, 1714. — **Brousse.** Elle compte Jacques Brousse, prêtre, savant théologien, né à Auzances (v. le chapitre : Personnage digne de mémoire, page 51), Michel Brousse, seigneur de Montpeyroux, procureur fiscal d'Auzances, son neveu [1675]. — **Dequereaux** (anciennement *de Queyreaulx*). Un notaire à Auzances de ce nom, en 1498. Annet de Queyreaux, maître chirurgien à Auzances, 1700. — **De Douhet,** seigneurs de Villossanges, de la Gorsse, des Ramades, de Pradat, des Monneyroux, de Joux, de Mondeyrand, etc. La généalogie de cette famille, originaire du Montel-de-Gelat (Puy-de-Dôme), et dont il existe des représentants à Auzances, remonte à 1590. Ses armes sont enregistrées, dans l'armorial général, de 1696 : *d'argent, au chevron de gueules.* — **De Laporte** (J.-B.), seigneur de la Chassaigne, bourgeois d'Auzances, 1789. — **De Laval Pasquanet de Pierrebrune.** Barons de Pierrebrune, seigneurs de Pasquanet, de l'Etang, de Lavaud-Blanche, d'Epinasse, de Gioux, du Boueix. etc. Nom patronymique : *de Laval*. Originaire d'Auzances en 1444. Elle remonte à Durand de Laval, bourgeois d'Auzances [1444], Charge de secrétaire du roi [1772]; 4 chevaliers de Saint-Louis; des officiers d'armée, un aumônier de la reine de Navarre. Noblesse militaire. J.-B. Gilbert Pasquanet de Lavaud, baron de Pierrebrune [terre acquise en 1755] fit ses preuves en 1784 pour être reçu chevau léger de la garde ord. du roi, preuves remontées à Blaise de Lavaud, écuyer, marié, en 1647, à Marguerite du Cloux. Armes : *d'or au lion grimpant de sable armé, lampassé de gueules, accomp. d'une étoile d'azur en chef et en pointe d'un croissant de gueules.* Couronne de *comte*. Supports : *deux levriers*. Existe au château de Lavaud-Blanche (canton d'Auzances); voir le mot *Lavaud-Blanche*, du *Dictionnaire* final. — **Momet** ou **de Momet**, seigneurs de Prunevieille, de Villetourteix, la Faye, la Besse, Lavaud, les Boueix, les Farges, de Gioux, etc., etc. Armes : *d'or, au lion grimpant d'azur, entouré de 4 croissants, 1 en chef, 1 en pointe et 1 chaque côté et 4 étoiles, le tout de gueules* [cachet de 1709]. Cette famille, qui remonte à Georges Momet, notaire à Auzances, en 1551, s'était divisée en 2 principales branches, au XVIIe siècle, les Momet, seigneurs de Villetourteix et les Momet, seigneurs de Prunevieille. Une troisième branche, au XVIIIe siècle, compte les Momet, seigneurs de Farges. Elle a donné des châtelains d'Auzances, un garde du corps du roi [1686]. Nous renvoyons, pour tous détails, aux mots *Les Farges*, *Prunevieille* et *Villetourteix* du Dictionnaire. Cette famille est représentée, à Evaux (Creuse), par Mme Thaury, née de Momet. — **Meghon** (Joseph), trésorier pour le roi au pays de Combraille [1598]. François Meghon, conseiller de S. A Monsienr [1664]. — **Monamy** (Michel), seigneur de la Viale [1599]. — **Prieuret.** Gabriel Prieuret, notaire royal à Auzances [1566], frère de Pierre, notaire audit lieu [1597], celui-ci époux de Gabrielle de la Rocheguron, fille naturelle de Charles, seigneur de Roussine. — **Vallanet** (Jean-François), notaire royal à Auzances estimait [en 1771] son office 600 livres.

CROCQ

Crocq, chef-lieu de canton, est une petite ville, située sur un monticule, dont elle occupe tout le côté méridional, à une altitude de 768 mètres, sur les bords de la Tardes et sur les confins des anciennes provinces de l'Auvergne [dont elle a fait partie jusqu'en 1790], de la Marche et du pays de Combraille. Crocq dépendait du pays du *Franc-alleu* [jusqu'en 1790], district de la province d'Auvergne, dont il suivait les coutumes; mais il était aussi régi par les usages particuliers du même Franc-alleu, petit territoire situé entre les pays de Combraille, la Marche, le Bas-Limousin et l'Auvergne proprement dite. Bellegarde était la capitale du Franc-alleu et Crocq en prenait ensuite le second rang. Néanmoins, Crocq fit partie du présidial de Guéret, à sa création.

Population. — Il y avait seulement 85 feux en 1357 et 90 en 1711. Il y a de nos jours 1,046 habitants.

Etymologie. — On a prétendu que le mot *Croc* rappelle *Crocus*, ou *Chrocus* célèbre chef des Allemands et des Vandales qui, en l'an 256, envahit la Gaule, qu'il pilla et dont il détruisit les villes. Ce capitaine aurait laissé un détachement de ses

soldats sur le monticule, alors désert qui nous occupe ; de là,
l'origine de Crocq. Nous pensons que cette légende ne doit pas
être rejetée complètement, bien quelle paraisse une fable. En
effet, on sait, d'après Grégoire de Tours, que *Chrocus* ravagea
entièrement l'Auvergne et l'on pense, au surplus, que c'est lui
qui, vers 256, détruisit la ville gallo-romaine de Beauclair,
[non loin de Crocq, Puy-de-Dôme], retrouvée et fouillée avec
succès par l'un de nous [Ambroise Tardieu] en 1882. Chrocus
détruisit aussi, dit-on, le temple de Mercure du Puy-de-Dôme,
les thermes du Mont-Dore, et ceux de Royat. Une foule de
localités portent en France, également, le nom de *Croc*. Notre
petite ville a, du reste, pendant tout le Moyen-Age, orthogra-
phié son nom *Croc*, ce que l'on voit dans des chartes dès 1261,
à partir du xvie siècle, on trouve Crocq.

Voici, au surplus, les divers noms, à différentes dates : *Croc*,
[1261] ; *Croc*, 1333 ; *Crop*, 1363 ; *locus de Croco*, 1366 [cartul.
de Crocq] ; *Mensura de Croco* [xive siècle] ; *Croq*, 1406 ; Croc,
1420 ; *Terra de Croquo*, 1428 [cartul. de Crocq] ; *Curia Croci*
1444 [cart. de Crocq] ; Croc, 1464 [Hist. Mais. d'Auvergne, 11,
677] ; Croc et Crocq, 1533 [terrier de Saint-Bard] ; Croc, 1557 [Terr.
de Blessac] ; *Baronye de Croc*, 1543 [Terr. de Blessac] ; *Le
Crocq*, 1562 ; *Crocq*, 1580 ; *Le Croc* 1559 ; *Croc*, 1620, 1710 ; *Crocq*,
1780.

Histoire générale. — On a trouvé une hache-gauloise,
à Crocq [conservée au musée de Guéret]. Dans le bois d'Urbe,
près de Crocq, il existe un magnifique dolmen, appelée *pierre
levée*. Il est situé sur la hauteur. La table à plus d'un mètre
d'épaisseur. Elle est supportée par 5 pierres rangées en cercle,
de 2 mètres environ de hauteur.

La voie romaine d'Augusto-Nemetum (Clermont-Ferrand), à Limoges, passait près de Crocq. Elle a servi de route militaire pendant tout le Moyen-Age. Il y a une trentaine d'années, M. le comte Cornudet fit faire des fouilles archéologiques sur le bord de cette voie. Il en a recueilli deux urnes cinéraires

DOLMEN D'URBE

splendides, en verre irisé ; l'une de grand modèle ; de plus, une cuillère et un gril servant aux incinérations [car les Romains brûlaient les morts]. Ces curieux objets sont conservés par son descendant M. le comte Cornudet, à Crocq. On a aussi trouvé, près de Crocq, une petite mosaïque en verre, genre cloisonné, de 4 centimètres, regardée par les archéologues, comme le premier de tous les émaux. [Cette mosaïque se trouve au musée de Guéret.]

1190. Après avoir traversé bien des siècles, nous arrivons, en 1190, à la grande époque féodale. Le monticule de Crocq, sur les confins de l'Auvergne, était trop bien situé pour ne pas donner lieu à la construction d'une forteresse. C'est ce qui eut lieu, en effet, par les soins d'un grand bâtisseur du temps, Robert, Dauphin d'Auvergne, qui éleva les forteresses de Montrognon, près de Clermont-Ferrand, [sur le même plan que celle de Crocq] et celle de Pontgibaud [Puy-de-Dôme] (1).

1287. Simon de Beaulieu, archevêque de Bourges, passa, dans sa tournée pastorale, à Crocq.

1357. C'est vers cette année qu'il faut placer la prise et la destruction de la ville de Crocq par les troupes du prince de Galles, dit le *prince Noir*, qui s'étaient emparées du château-fort de Sermur, dans le voisinage, la même année. Une tradition raconte que l'armée anglaise campa au nord de Crocq, sur le puy de la Garde, et qu'elle mit 18 mois à faire le siège de la ville. On ajoute que les habitants de Crocq, pour tromper les

---

(1) Les ruines de Montrognon se trouvent au sud de Clermont-Ferrand; le château de Pontgibaud, remanié au xvᵉ siècle par le maréchal Gilbert de la Fayette, existe encore intact. L'un de nous [A. Tardieu] a publié l'*Histoire de Pontgibaud* [in-8] et une notice sur *Montrognon*.

M. MONTAIGNE.

Meysens del.t   *Landon direx.t*

MICHEL MONTAIGNE

Illustre philosophe; a passé à Crocq et couché à Pontcharraud
en 1581. (Voir page 59.)

assiégeants, passaient et repassaient sur les murailles, en vue
de leurs ennemis, et avaient soin de leur faire croire qu'ils
étaient fort nombreux comme hommes d'armes, en ayant la ruse
de changer de costume avant de reparaître. Cependant, la ville
tomba au pouvoir des Anglais, qui détruisirent la partie dite
Crouville, non rebâtie depuis.

1360. Par le traité de Brétigny, Crocq devient frontière sur
les limites de la Guyenne, qui reste le domaine des Anglais.
Ce voisinage obligea les habitants à surveiller nuit et jour
leurs ennemis mortels et à faire bonne garde.

Juillet, 1444. Les états provinciaux du Franc-alleu se tenaient
à Crocq. Ces états s'assemblaient aussi dans la capitale de ce
territoire, à Bellegarde. C'étaient les deux principales villes du
Franc-alleu (1).

1465. En cette année, la ville de Crocq ne fut pas sans alar-
mes. C'était le temps de la ligue du bien public formée par
les ducs de Bourbon et le comte d'Armagnac contre le roi
Louis XI. Ces ducs assemblèrent, au mois de juin [1465], une
armée de 5,000 hommes à Herment, non loin de Crocq. Mais
Louis XI ayant assiégé la ville de Riom, qui était au duc
Pierre de Bourbon, ils se soumirent. Dans un titre de 1472, on
voit que *Rolland Vincent*, capitaine de Crocq, déclara que les

---

(1) Voir la *Marche et le Limousin*, par Alfred Leroux, Emile
Molinier et Ant. Thomas.

habitants de Crocq avaient dû faire le guet « quand monseigneur d'Armagnat passa par ce pays » (1).

1575. En cette année, Henri de la Tour-d'Auvergne, vicomte de Turenne, baron de Crocq, plus tard [1591], duc de
Bouillon, maréchal de France, assemble, à Crocq, les Protestants
du Limousin et de l'Auvergne dont il était le chef, et pendant
toute la fin du xvie siècle fit, de cette terre, un centre où les
religionnaires se concertaient pour leurs entreprises. Les
espérances de ces derniers durèrent longtemps ; car, en 1617,
ils rêvaient, encore une levée de boucliers comme on va le
voir. Notons qu'en 1575, parmi les plus dévoués à sa cause, se
trouvait *Gilbert d'Aubusson*, seigneur de Banson [en Auver-
gne], guidon dans une de ses compagnies.

Novembre 1581. L'illustre philosophe *Michel Montaigne*,
qui revenait d'Italie, traverse l'Auvergne en passant à Thiers,
Clermont, Pontgibaud, Pontaumur [où il coucha], puis à
Crocq. Il coucha à *Pontcharraud*. Montaigne a laissé des
Essais, qui sont constamment cités et célèbres.

1592. Grande révolte dite des *Croquants*, ainsi nommée
parce qu'elle était partie des environs de Crocq. Elle était
composée de pauvres gens poussés par la misère et dont nous
avons parlé longuement déjà [page 21]. — 1596. Défaite des
Croquants par le gouverneur du Limousin. Le maréchal de

(1) *Histoire d'Herment*, par A. Tardieu (page 124)

Matignon acheva de les disperser ; ils étaient au nombre de
30 à 40,000 ; le roi fut obligé de céder et de leur remettre les
tailles arriérées.

1617. On lit dans le « *Mercure français* », « le 17 mars
« 1617, le prince de Joinville (1), partit de Paris pour aller à
« son gouvernement d'Auvergne y lever des troupes et avoir
« l'œil sur les pratiques qui se faisaient au pays de la Marche,
« par M. de Bouillon, qui sollicitait une assemblée générale de
« ceux de la religion réformée pour les exciter à prendre les
« armes. » Herment, ville voisine, s'armait, et voici ce que
résolurent les habitants de Crocq, dans une curieuse délibération municipale :

« Aujourd'hui, dimanche, seizième jour d'avril mil six cent dix-
sept, à l'assemblée générale de la ville où étaient présents MM. les
capitaines, officiers, consuls et la plus saine partie des habitants, a
été délibéré de continuer les réparations de guérites, murailles et
portes, et pour cet effet sera. . du rôle qui a été fait à ce sujet ;
et pour y subvenir plus amplement et pour le remboursement de
23 livres 18 sols qui sont dus à ceux qui ont fait le voyage vers
Madame, a été avisé de vendre des fraux et communaux de ladite
ville à moins de dommage, et la vente qui en sera faite par les
aprésents consuls à l'assistance des officiers, sera bonne et valable
tout ainsi que si elle était consentie par toute la ville en corps.

Les escouades seront remises en six jusqu'à ce que lesdites murailles et guérites seront remises ; et à cette fin, tous les habitants
feront la garde de jour et de nuit et obéiront au commandement des
consuls et caporaux sans exception, à peine que le défaillant, sans
excuses légitimes, payera la somme de trente sous incontinent et
sans déport. Chaque caporal posera à la porte du corps de garde
une sentinelle pour empêcher surprise, et aura l'œil au guet, sans

(1) *Charles de Lorraine*, duc de Guise et de Joyeuse, prince de
Joinville, amiral des mers du Levant, mort en Italie en 1640.

permettre qu'aucun des soldats s'en aille sans permission desdits
caporaux, sans faire bruit et insolences, à peine de prison. Fait les
dits jour et an ».

Suivent les signatures : De Ruben; Marlin, bailly ; Aloschon,
lieutenant ; Fougerol, procureur fiscal ; Duchier, Pellissier, consuls :
Sarciron, Bourbon, etc. (en tout 23 signatures).

Les troubles appréhendés n'eurent pas lieu ; mais les mêmes
craintes se renouvelèrent en 1619 ; et, fort heureusement, sans
aucune suite.

1711. Le rôle de la taille (impôt) de la ville de Crocq s'élevait à 745 livres 4 sous pour 90 feux et 10 jougs de bœufs.
Parmi les imposés notables on remarque : Sébastien Miomandre, tanneur, Jean Vergne, gantier, Jacques de Courteix,
apoticaire, Joseph de Courteix, praticien, Michel de Courteix,
tailleur, Jean Chermartin, marchand, Gabriel Parrel, hôte,
Léonard Vergne, Gabriel Chireix, sergent, Gabriel Chireix,
hôte, Jean Chireix, ex-maître de poste, Gabriel Ducros, gantier, etc.

1771. Par son arrêt du 21 janvier, le chancelier Maupeou
exila, à Crocq, *Clément de Feuillette,* l'un des magistrats les
plus honorables du parlement de Paris et des plus hostiles au
coup d'état, pour avoir refusé de condamner le duc d'Aiguillon
et avoir combattu les jésuites. M. de Feuillette, qui quitta
Crocq en 1774, au rappel du Parlement, a laissé un grand
souvenir dans cette ville qu'il a comblé de ses bienfaits. En
effet, pendant les 4 années qu'il y resta il y fit bénir son nom
en faisant ouvrir et achever, à ses frais, la route qui conduit de
Felletin à Saint-Avit-d'Auvergne, ouvrage qui lui coûta plus

de 30,000 livres. Il fit paver les principales rues de Crocq, construire une halle, planter des arbres sur les promenades publiques; créa la place qu'on voit au milieu de la ville, et fonda une rente annuelle pour son entretien. La tradition rapporte que son départ ne lui permit pas de créer une école publique gratuite pour les enfants du peuple, de régulariser les rues et de leur donner de nouveaux noms. Cet homme de bien fit aussi construire des marchés d'hiver; la ville de Crocq devrait lui élever un monument. Espérons qu'elle le fera!

1789. Les députés du Tiers-Etat pour la commune de Crocq furent: de Courteix, Roudaire et Bessède, curé de Crocq. Ce dernier fut arrêté pendant la Révolution et mis en prison. A la suite du Concordat, il fut réintégré dans ses fonctions et mourut le 21 mars 1809.

TOPOGRAPHIE DE LA VILLE

Crocq, situé sur un monticule et dominé par son château-fort, se prêtait à la défense féodale. Il est probable que la ville fut entourée d'une première enceinte, à la fin du XIIᵉ siècle, lors de la construction du château. Cette enceinte englobait entièrement le monticule et comprenait le quartier de *Croville* ou *Crouville*, au nord, détruit par les Anglais vers 1357 et dont on trouve des vestiges en cultivant la terre. Les murs de Crocq étaient précédés, selon l'usage, de fossés larges et profonds. En 1423, les murailles de Crocq, ruinées par les Anglais, n'offraient plus qu'un triste spectacle. Les habitants, secondés par Dauphine de Montlaur, dame du lieu, veuve de Jacques du Peschin, et sa fille Françoise, épouse d'Arnaud de Montlaur, obtinrent des lettres patentes du roi Charles VII, pour faire une nouvelle enceinte. Mais les travaux traînant en longueur, ils reçurent de nouvelles lettres, que voici, en 1426 :

Lettres patentes, par lesquelles Charles VII, à la requête de Daulphine de Montlaur, dame douairière de la Châtellenie de Croc, exempte les habitants de tous impôts pour une période de huit années; le roi accorde ce privilège, « *considérant que la ville de* « *Croc est sise près des marche de Guienne ouquel pays de* « *Guienne, nos ennemis aucuns d'Angleterre ont... de tout temps* « *mené fait de guerre, et que les poures manans et habitans, rui-* « *nés par les allées, venues, passées, repassées et séjournemens* « *des gens de guerre, ne pourraient sans ce secours, terminer* « *les fortifications de la ville, ainsi que le réclame le bien de la* « *seigneurie et de la chose publique.* » (16 décembre 1426.)

« Charles, par la grâce de Dieu, Roy de France, à tous ceulx qui ces présentes letres verront, salut. Savoir faisons nous avoir receu humble suplicacion de nos amés Daulphine de Montlaur, vesve de feu Jaques de Peschin, escuier, dame douairière et usufructuaire de la terre et chastellenie de Croc, de notre amez féal chevalier, conseillier et chambellan, Arnaud de Montlaur, viconte de Polignac, et de Françoise du Peschin, sa femme, jadis fille du dit feu Jaques du Peschin et héritière d'icellui, feu Jaques du Peschin, seigneurs propriétaires de la dicte terre, chastellenie et mandement de Croc, contenant que la dicte ville, terre, chastellenie et mandement sont assis es fins et meites des pays de Limosin et d'Auvergne, prez des marches de Guienne ouquel pays de Guienne nos ennemis aucuns d'Angleterre ont des pieça et de tout temps mené fait de guerre, aussi ont ils fait et font de jour en jour ou pays de Limosin, ouquel ils tiennent plusieurs places et forteresses, par lesquelles ils pourroient et pevent moult endommagier lesdits suplians et leur dite seigneurie et aussi leurs gens, hommes et subgiés d'icelle, se entreprie l'avoient, ainsi que le doubtent lesdits suplians : pour résister à l'entreprise desquel, à l'ayde des poures manans et habitans es dicte ville et mandement de Croc, ledit feu Jaques du Peschin à son vivant, et eulx depuis son deces, avoient ordonné, entrepris et commencé de faire cloure et fermer la dicte ville de Croc, et desja avoient bien avant à ce procédé et la eussent parfaicte. Mais, obstans les charges à eulx imposées et induites pour plusieurs aydes, tailles, subsides et fouages mis sus de par nous, qu'ils n'ont peu ne n'auroient de quoy paier, et aussi par les allées, venues, passées, repassées et séjournement des gens de notre parti, qui, puis notre partement de notre ville de Paris ait séiourné passé et repassé par les d. ville, terre, chastellenie, mandement et environ iceux, et aussi par le fait de nosd. ennemis, pour doubte desquels ils n'ont peu demener leurs marchandises, ils sont venus à tele povreté que plus avant ils ne pourroient ne n'auroient de quoi proceder au parfaict de la dicte fortification et empairemsnt, se par nous et de notre grace ne leur estoit sur ce secoru. En nous requérant que comme le dit empairement et fortifficacion soient faiz pour le bien et profit des d. hommes et habitants d'iceulx, ville, terre et subgiés desdites villes, terre, mandement et chastellenie, et aussi de tout le pays de Limosin, Auvergne et Guienne ou (marchist?) la dicte ville et mandement, comme dit est, afin que icelle fortiffication et empairement se puissent poursuyr et parachever au bien et honneur de notre seigneurie et de la chose publique des d. ville, terre, chastellenie et mandement, il nous plaise exempter et affranchir iceulx hommes et habitans de sa dicte ville, chastellenie et mandement desdites tailles, aydes, fouages, subsides et subvencions mises et à mettre sus de par nous, leur quitter et remettre leurs impôts et quotes sur eulx mises et imposées à cause dicelles aides, subsides et fouages du temps passé, d'icelles quotes et porcions, les faire tenir quites et paisibles, et sur ce leur pourveoir de notre dicte grace et remede. Pour ce, est il que nous ce considéré et a la faveur et contemplacion desdits suplians, mesmement du dit Arnaud qui de ce nous ont fait requérir très humblement, volans l'amélioracion des villes de notre royaume, iceulx hommes et habitans desd. villes, terre, chastellenie et mandement, avons exímés, exemptés et affranchis, eximons, exemptons et affranchissons et volons estre tenus quites, frans et exemps jusques a huit ans prochain venans a compter du jour de la date de ces présentes, de grace espécial, de toutes tailles, aydes, subsides, fouages et autres subvencions mises ou à mettre sus et qui pourroient avoir cours en nostre royanme, soit pour le fait de la guerre ou autrement. Volons et nous plaist, que d'iceulx ils soient tenus et demourent frans, quittes et exemps, dorenavant jusques au dit temps, sans ce

que aucune chose leur en soit demandée, ne que à cause d'iceulx
ils soient ou doient entre mis ou imposés à aucune somme ou quote
et ouche à iceulx hommes et habitans d'icelle ville, terre, chastellenie et mandement de Croc en la faveur que dessus avons donné
quitté et remis, donnous, quittons et remettons, de notre plus ample
grace, par ces présentes toutes les restes et sommes esquelles ils
puent estre tenus envers nous et que on leur pourroit demander à
cause de leurs imposts, quotes ou porcions sur eulx chargées et imposées le temps passé à cause des dictes aydes, tailles ou fouages
mis sus de par nous. Volons et nous plaist que d'icelles ils soient et
demourent frans et quittes à tousiours, sans ce que ores, ne pour le
temps avenir, aucune chose leur en soit ou puist estre demandee par
quelque personne que ce soit. Si donnons en mandement par ces
mesures présentes à nos amis et feaulx les généraulx conseilliers
sur le fait et gouvernement de toutes nos finances, aux esleus sur
le fait des aydes, fouages et subsides ou diocèse de Clermont et ou
receveur d'iceulx aydes et fouages ou dit diocèse ou a leurs lieute-
nants, présens et avenir, et à chacun d'eulx, si comme a lui appar-
tendra, que de nos présens don, exempcion, affranchissement, quittance, remission et octroy facent, seuffrent et laissent les d. hommes
et habitans d'icelle ville, terre, chastellenie et mandement, joir et
user plainement et paisiblement, sans leur faire ne donner ne souf-
frir estre fait, mis ou donné aucun destourbrer ou empeschement,
au contraire. Mais s'aucun leur estoit fait, mis ou donné, à cause ou
occasion des d. tailles, aydes ou fouages ou des imposts d'iceulx, les
ostent et mestent sans délay à plaine délivrance et par rapportant
cès présente ou vidimus d'icelles fait soubs seel royal ou autanti-
que avecques expédition d'icelles de nostre conseiller, nous volons
(lou?) receveur estre et demourer quicte et deschargé du deu par
iceulx hommes et habitans des d. imposts du temps passé, et aussi
de leurs quotes d'iceulx pour le dit temps de huit ans a venir et
iceulx entre déduis et deffalqués de la recepte par nos amés et féaulx
gens de nos comptes et autre part ou il appartiendra, sans contredit
ou difficulté aucune, car ainsi nous plaist il estre fait de grace espécial par ces présentes, non obstans quelsconques ordonnances,
restrinctions, mandements ou deffences et lettres subreptices a ce
contraire. En tesmoing de la quelle chose nous avons fait mettre
notre seel a ces présentes. Donné à Montlucon le xvime jour de
décembre, *l'an de grâce mil cccc vint et six* [1426] et de notre règne
le quint.

« Par le Roy, les comtes de Foix, de Cominge et d'Ausserre, l'ad-
miral. [*Nota.* Il s'agit de Louis de Culant], et autres présens ». Signé : FRESNOY.

3

L'enceinte, entreprise en 1426, comprenait seulement la moitié du monticule, c'est-à-dire le versant méridional [l'enceinte primitive prenait tout le mamelon]. Elle était percée de 4 portes, savoir : 1º la *porte Bardette*, au nord ; 2º la *porte Rosier*, au sud ; 3º la *porte grande*, au sud-ouest, et 4º la *portette*, à l'ouest. Nous donnons le plan de cette enceinte dernière. Crocq possède des puits publics, portant d'antiques margelles, la ville n'ayant pas encore de fontaines arrivant sur le monticule.

L'EGLISE

Au point de vue religieux, Crocq, avant 1789, faisait partie de l'archiprêtré d'Herment, dans le diocèse de Clermont. Un pouillé de 1640, environ, du diocèse de Clermont, dit qu'anciennement la paroisse de Crocq était comprise dans celle de Saint-Alevard (1), ce qui est possible ; car nous pensons que c'est seulement au XIIIᵉ siècle que la première église de Crocq fut édifiée. Nous savons que l'église de ce lieu fut donnée avec celle de Saint-Oradour et de Saint-Alevard au chapitre d'Herment (Puy-de-Dôme), en 1249, par la charte que voici et Hugues de la Tour, évêque de Clermont, secondé par le cha-

---

(1) *Nota quod le Croc, nunc oppidulum fuit olim paroccia Sancti Alevardi.* [Traduction : Crocq, maintenant petite ville, fut autrefois de la paroisse de Saint-Alevard.]

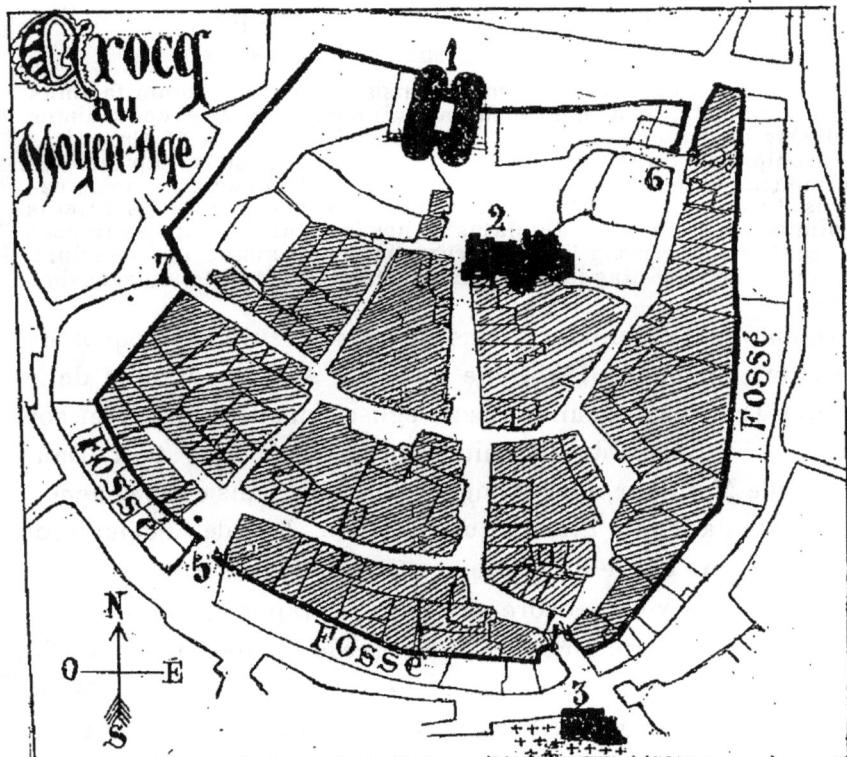

1. Le château féodal; 2. L'église (démolie en 1846); 3. La chapelle de la Visitation; 4. Porte Rosier; 5. Porte Grande; 6. Porte Bardelle; 7. La Portette.

pitre de la cathédrale de Clermont. Le chapitre d'Herment, en qualité de curé primitif, allait à Crocq officier processionnellement une fois par an. Voici la charte de 1249 :

Nos Hugo, Dei gratia Claromontensis episcopus, notum facimus universis quod nos, de concensu capituli nostri damus et concedimus ecclesias de *Sancto Oratore* et de *Sancto Elevardo* et de *Croc* sitas in archipræsbyteratis de Hermenco, dilectis nostris capitulo de Hermenco, cathedralico et synoditico in eisdem ecclesiis nobis retentis. In cujus res testimonium dicto capitulo præsentes litteras dedimus sigillo nostro sigillatus et nos capitulum Claromontenses præsentibus litteris sigillum nostrum dignum duximus apponendum. Datum in octava Magdalenæ, Anno Domini M° CC° quadragesimo nono.

Dauphine de Montlaur, dame de Crocq, veuve de Jacques du Peschin, fonda, en 1428, une chapelle sous le vocable de la Sainte-Trinité, attenante à cette église où elle fit enterrer son mari et Françoise du Peschin, leur fille (1). Plus tard, Dauphine de Montlaur, elle-même, fut enterrée dans cette chapelle, sous une dalle en granit, qui, en 1846, lors de la démolition de l'ancienne église de Crocq, a été conservée sur la place, où la population vient encore prier, en se rappelant de la bonne et charitable châtelaine que l'on regarde comme une sainte (2).

On raconte une anecdote touchante sur Dauphine de Montlaur. Comme elle distribuait journellement une grande abondance d'aumônes en pain et diverses charités aux pauvres de

_____

(1) *Archives de la Creuse*, série G. Original parchemin, chapelle de Crocq.

(2) On a placé une croix sur cette dalle, dans un angle de la place, en face de la nouvelle église. Nous pensons qu'on y ajoutera une inscription qui rappellera Dauphine de Montlaur et ses bienfaits.

Crocq, l'intendant du château chercha à lui nuire dans l'esprit de son mari, en disant qu'elle était, pour lui, un grand sujet de ruine. Jacques du Peschin, rencontrant sa femme portant un tablier garni, lui dit vivement de l'ouvrir, Dauphine portait du pain à ses pauvres, et quel ne fut pas son étonnement d'apercevoir, au lieu de pain, un tablier rempli de fraiches roses !..

L'église de Crocq possède un magnifique tryptique de l'an 1440 environ, donné par Dauphine de Montlaur, dame de Crocq, lors de la fondation du chapitre de ce lieu [en 1444]. C'est une peinture de Nuremberg, en sept panneaux, sur bois, représentant les principaux épisodes de la vie de saint Eloi. Chaque tableau est accompagné d'un texte explicatif, rimé, en lettres gothiques, que nous reproduisons :

Le premier panneau représente la mère de saint Eloi, couchée, à laquelle apparaît un aigle qui lui annonce la naissance de l'enfant figuré au-dessus du chevet du lit, dans un médaillon :

> Nobles passans ouvres vostre mémoire
> Liséz icy la souveraine ystoire
> De sainct Eloy et tout premierement
> Sa mere vit un grand commandement
> Advis luy fust une grand aigle veoir
> Qui d'approcher d'elle faisoit devoir
> Une grand peur luy fist quant laperceut
> Et fust le soir que sainct Eloy conceut.

Le deuxième panneau représente la naissance de saint Eloi tenu au-dessus d'un bassin par une matrone, tandis qu'une autre femme lui lave les pieds. Un médecin (myre) se tient au pied du lit de l'accouchée.

> Consequamment dessus est l'effigie
> Commant un myre vivant de saincte vie
> Luy déclara bonnement vérité

Qung noble sainct par elle est enfanté.
Lequel sera noblement revêtu
Tout son vivant de grace et de vertu
Humainement la dame conforta
Qui sainct Eloy par miracle enfanta.

Le troisième panneau représente le roi de France, Clotaire II.
entouré de sa cour, portant au maître de saint Eloi un lingot d'or
pour qu'il en fasse un siège.

Au quinziesme an fust fort sçavant en lectres
Ce neantmoings de mestier le veut mectre
Par le conseilh des parans et amys
Sainct Eloy fust chez un orfebvre mys.
Un roy François à son maistre commande
De treffin or faire une selle grande
Lequel noza celle selle pourtraire
Mais sainct Eloy presenta pour ce faire.

Dans le quatrième panneau, on voit saint Eloi remettant au roi
deux selles faites par lui, accomplissant ainsi le miracle de la légende ; car l'or livré devait à peine suffire pour un seul siège.

Au noble sainct et noble roy Françoys
Fist délivrer de lor ung certain poys
Pour assortir la celle richement
Ung grand miracle on vit évidemment.
Deux selles fist dont fust fort estimé
Poysant chascune autant que lor nommé
Recomparé fust du roy audit lieu
Mais le bon sainct le donne tout pour Dieu.

(*Nota*. — On remarquera que, dans cette partie de la légende,
on écrit indifféremment *celle* ou *selle* qui signifie siège et selle ;
trompé par cette double définition, le peintre a figuré deux selles au
lieu de deux fauteuils). — Dans le cinquième panneau, saint Eloi
panse des lépreux que l'on reconnaît aux pustules de leur visage
et de leurs membres et à la cliquette que tient l'un d'eux.

A pryer Dieu estoit tout son estude
Et bien souvent prenoit sollicitude
De visiter ceulx quavoient maladie
En leur donnant pour sustanter leur vie.
Or et argent afin deulx mieux nourrir
Et cy mettoit peyne de les guérir

Par la vertu de sa grand saincteté
Beaucoup de gens recouvroient la santé.

Dans le sixième panneau, on voit saint Eloi, après la mort de l'évêque de Noyon (en 640), recevant la mitre des mains du chapitre assemblé.

Le bon prélat de Noyon trespassa
Du clergé alors chascun se confessa
Et vont prier Jesus le rédempteur
Les inspirer deslire ung bon pasteur.
Tous d'une voix et d'une ferme foy
Eslire vont le noble saint Eloy
Et puys après en grand solempnité
Il fut sacré prélat de la cité.

Enfin, le septième panneau représente le convoi funèbre de saint Eloi, porté en terre par des prêtres, et, sur le second plan, des mendiants et des boîteux à genoux devant son tombeau.

Ayant vescu selon Dieu et droiture
Payer convint le tribut de nature
Il trepassa de chacun regretté
La furent faicts miracles quantité.
Or le pryons chascun devotement
Que vers le Dieu régnant au firmament
Veuilhe impétrer de nous donner sa grace
Et à la fin empres de lui nous place.

A l'envers des volets, on remarque d'importants fragments de grisailles de la même époque et peints par le même procédé que le sujet principal (à l'huile sur fond de colle). Ces sujets représentent des scènes du Nouveau Testament, très détériorés par l'humidité.

Il y avait, dans l'église de Crocq, gravé sur une dalle, au-dessous de la chaire, en 1805, un *phallus* dont on s'explique guère le sens, à moins que ce soit une pierre provenant des Romains et rappelant le culte d'Isis. Joullietton l'avait vu et en parle dans son *Histoire de la Marche* [page 589].

L'église et la paroisse de Crocq sont sous le vocable de saint Eloy, évêque de Noyon, célèbre orfèvre, mort en 659.

Curés. — Ils furent à la collation du chapitre d'Herment et à la nomination des seigneurs de Crocq jusqu'en 1789.

Voici quelques noms : *Pierre Crozet*, 1311 ; *Jean Bussière*, avant 1410 ; *Etienne Mallet*, 1418-1444 ; *Robert Mallet*, 1467 ; *Claude Mallet*, 1502 ; *Jean Aloschon*, 1601-1621 ; *Michel Fourneyron*, 1621-1652 ; *Annet Fourneyron*, qui, en 1657, reconnut devoir 5 livres tournois de rente au chapitre d'Herment, pour droit de patronage ; mort en 1688 ; *Ligier Giac*, 1688 ; *Bourbon*, 1690 ; *François Ramade*, bachelier en théologie ; 1695-1704 ; *A. Tixier*, 1700 ; *J.-B. Geneste*, 1711-1716 ; *Fournier*, 1711-1724 ; *Pierre Croizet*, nommé en 1738-1748 ; *Journiac*, 1739 ; *Bessède*, 1759 ; *Pierre Bessède*, 1768-1790. (Il fut renommé au Concordat et mourut en 1809.)

En 1676, il y avait, dans l'église de Crocq, une confrérie sous le vocable de saint Eloy. L'église actuelle a été construite à neuf en 1846, et l'ancienne église, située au sud de celle-ci, fut alors démolie.

Chapitre collégial. — Il fut fondé en 1444, par Dauphine de Montlaur, dame de Crocq, veuve de Jacques du Peschin, voici quelques détails :

Cette dame s'adressa d'abord à Etienne Malet, curé de Crocq et aux prêtres communalistes de ce lieu, savoir : Jean Germain, Jacques Traslaigue, Etienne Martin, dit Godonnet, Pierre de Ghandalet, Etienne Traslaigue, Barthélemy d'Arfeuille, Durand de Ghandalet. Tous firent une requête à l'évêque de Clermont qui commit Pierre de Montpeyroux, archiprêtre d'Herment, pour faire une enquête, laquelle fut favorable. A cette enquête, comparurent les consuls de Crocq, Barthélemy Chireix, Jean Pradaleys, Robert Bussières. L'acte rapporte que Dauphine de Montlaur donna pour la fondation de ce chapitre les dîmes de la paroisse de Saint-Aignant : Le curé de Crocq fera partie du chapitre. Lui et les prêtres du chapitre porteront l'aumusse et le surplis, comme les chanoines des autres chapitres. Chaque chanoine, à sa nomination, donnera 4 livres pour l'entretien des ornements. Le curé aura double portion ou prébende comme étant le doyen du chapitre. Des prières journalières seront dites sur la tombe de la fondatrice, qui demande à être enterrée dans la chapelle fondée par elle dans

. CHATEAU FÉODAL DE CROCQ (LES DEUX TOURS EXISTANTES)

l'église de Crocq. Le décret de l'archiprêtre d'Herment, du 3 août 1444, fut publié le 5 décembre suivant dans la nef de l'église de Crocq et affiché à la porte de cette église. Le nonce du Pape, qui résidait à Bourges, *legat a latere*, accorda le confirmation de ces conventions (1).

Disons, enfin, qu'en vertu de cet accord, le curé de Crocq a été doyen du chapitre jusqu'à sa suppression, à la Révolution française. Les chanoines devaient être prêtres-filleuls, c'est-à-dire nés dans la paroisse. Ce chapitre était sous le vocable de la Sainte-Trinité. A l'origine, il y eut 8 canonicats, compris le curé ; en 1663, il y en avait 9, ce qui dura jusqu'à la Révolution. En 1458, Dauphine de Montlaur fit une nouvelle fondation de 12 messes par an dans l'église de Crocq et donna au chapitre 60 livres pour cela.

En 1773, le chapitre de Crocq afferma pour 9 ans tous les grains qu'il avait coutume de lever sur les lieux de Vergnette, Purtapareix, Saint-Aignan, etc., à Louis de la Rochebriant, seigneur du Theil, baron de Cléravaux, moyennant 52 setiers de seigle et 18 quartes d'avoine chaque année.

Chapelle de la Visitation. — Cette chapelle est fort ancienne. D'après une tradition, elle pourrait remonter au XIIe siècle et aurait été fondée par le comte d'Auvergne, seigneur de Crocq. Elle est sous le vocable de la Visitation ou *Notre-Dame de Crocq*, dont la statue miraculeuse est en

---

(1) Voir un titre conservé par M. le comte Cornudet et intitulé : « Extrait de l'expédition des titres de fondation du chapitre de Crocq, estant entre les mains de M. Banel, notaire à Crocq, secrétaire du chapitre, 1671, » 4 pages in-4, écrites de la main de Clément de Feuillette. Voir aussi *Archives de la Creuse, série G, chapitre de Crocq*.

grande vénération. Vers 1830, M. le comte Cornudet, pair de
France, acheta cette chapelle à la commune de Crocq, moyennant certaines clauses relatives au culte et à condition que
l'entrée en serait publique, et pour qu'elle pût servir de lieu de
sépulture à sa famille [plusieurs membres de la maison Cornudet y ont été enterrés avec épitaphes]. Environ dix ans plus
tard, son fils s'entendit encore avec la même commune et fit
agrandir et bâtir à neuf, tel qu'elle est, cette chapelle, en
conservant la voûte du chœur. Autour de cet oratoire, était
jadis l'ancien cimetière de Crocq.

LA BARONNIE

A l'origine, Crocq était le chef-lieu d'une châtellenie qui,
en vertu de l'usage du temps, prit vers le xvi⁴ siècle (1) le
titre de baronnie. Cette baronnie s'étendait dans les paroisses
environnantes. Elle comprenait divers droits féodaux, notamment droit de banalité du four et des moulins, émoluments de
justice, ventes, dîmes, moyennes et basses amendes.

En 1559, Michel Pellissier, François Banel et François Gallichier,
marchands de Crocq, afferment ces droits pour 3 années moyennant
1,720 livres payables en 6 termes (2). En 1568, François Gallichier
et François Bailly, affermèrent ces mêmes droits moyennant 2,550 livres payables en 6 termes de 425 livres chacun (3). En 1580,

(1) Elle portait ce titre dès 1568.
(2) *Archives nationales*, R² 138.
(3) *Id.*, *ibid*.

François Banel et Gaspard Beauregard, pour 3 années, pour 795 écus d'or et de poids, soit 265 écus soleil par année (1). En 1668, Annet Gallichier, seigneur des Granges, et Jean Gallichier, docteur en médecine, affermèrent, pour 6 années, moyennant 500 livres chaque année. En 1620, Gabriel Pellissier, demeurant au Nabeyron, pour 850 livres par an et pendant 3 ans (2).

 La baronnie de Crocq était limitée au nord par celle de Sermur; à l'est, par celle d'Herment.

Les archives de la baronnie de Crocq, sous Henri IV, étaient conservées dans le trésor du château d'Olliergues (Puy-de-Dôme), alors à Henri de la Tour d'Auvergne, duc de Bouillon, baron de Crocq. Il en fut fait un inventaire sous ce titre : « C'est l'inventaire des tiltres et documents qui ont esté trouvez dans le trésor du château d'Olliergues, faict par le commandement de monseigneur le duc de Buillon, prince souverain de Sédan et Raucourt, vicomte de Thurenne et seigneur baron dudit Olliergues et autres places, commencé à faire le cinquième de novembre mil cinq centz quatre vingt et dix sept. » Volume de 134 feuillets in-4; les 33 premières pages de ce registre manuscrit sont relatives à Crocq [*Archives nationales*, R 2* 126]

Le château féodal. — Ce château fut construit vers 1190, par Robert, Dauphin d'Auvergne, seigneur de Crocq, sur le plan de celui de Montrognon, près de Clermont-Ferrand, élevé dans le même temps par ce puissant seigneur. Il comprenait un corps de logis formant un rectangle, ayant 4 tours dans les angles et une petite cour intérieure. Il en reste 2 belles tours circulaires avec partie des pièces voûtées à ogive qu'elles renfermaient et reliées par une courtine. M. le comte Emile Cornudet, propriétaire de ces nobles ruines, les a fait restaurer

(1) *Archives nationales*, R 2 138.
(2) *Id.*, *ibid.*

dignement et les archéologues lui en savent un gré infini. Ces deux tours, ces deux sœurs, dominent majestueusement les environs et donnent un cachet grandiose au paysage. Le château féodal de Crocq, possédé par les seigneurs de cette terre, de 1190 à la Révolution, a été habité par Dauphine de Montlaur, dame de Crocq, et son mari Jacques du Peschin, qui y sont morts. Pendant le moindre danger de guerre, o 1 y faisait le guet de nuit et de jour. Après le dernier seigneur de Crocq, Léonard d'Ussel, les ruines de ce château féodal arrivèrent au comte Hyacinthe d'Ussel, par suite d'un partage de la succession d'Ussel, fait en l'an VI, à Guéret. Le fils de celui-ci, le comte Jean-Jacques d'Ussel, les vendit au nommé Sarciron, de Crocq, de qui M. le comte Emile Cornudet les acheta.

Capitaines du château. — *Antoine de Neuville*, 1428; noble homme *Rolland Vincent*, 1472; *Gilbert de Veyny-d'Arbouse*, écuyer, seigneur de Fernoël, nommé par lettres du 24 novembre 1613 [La famille de Veyny d'Arbouse, en Auvergne, est fort ancienne et d'une noblesse reconnue. Sa filiation remonte à l'an 1353. Elle a formé les branches de Villemont, Fernoël, et contracté de belles alliances. Nous donnons ci-contre ses armes. Le seul représentant de la famille est le marquis de Veyny-d'Arbouse, à Nevers]; *Sébastien de Ruben*, écuyer, seig. de Lavaud-Promis, 1616-1632; *Jean de Pannevère*, seigneur des Chassaignes, 1642-1668; *François Marlin*, mort vers 1680; *Joseph de Vauchaussade*, 1689; *François Marlin*, seigneur de Lavaud-Promis, nommé le 20 sept. 1695; *François de Ligondès*, mar-

DE VEYNY-D'ARBOUSE

quis. de Châteaubodeau, qualifié gouverneur (ou capitaine) de Crocq, vers 1750 ; de Pannevère, seigneur des Chassaignes, 1761.

Les seigneurs. — Guillaume VI, comte d'Auvergne, seigneur de Crocq, se rendit à la croisade en 1102 ; revint en 1121, mourut vers 1136 ; épousa Anne de Sicile, dont Robert III, comte d'Auvergne, seigneur de Crocq [1136-1145], qui, en 1140, fit bâtir le château-fort d'Herment et, en 1145, l'église de cette ville ; il épousa Marchèze d'Albon ; on croit qu'il mourut en Palestine (1145). Il eut Guillaume VII, comte d'Auvergne, seigneur de Crocq [1145-1169 ?], qui fut à la croisade avec son père en 1145 et revint en 1149 ; son oncle Guillaume VII en profita pour s'emparer de ses états ; il y eut un traité entre eux. Guillaume VII fut lésé et obtint la partie occidentale de l'ancien comté, comprenant Crocq, Fernoël, Herment, Pontgibaud, Rochefort ; toutefois, cette injustice lui fit quitter son nom pour prendre celui de *Dauphin* qu'il légua à son fils. Vodable, près d'Issoire, fut sa capitale. Il épousa Jeanne de Calabre dont : Robert Ier, Dauphin d'Auvergne, seigneur de Crocq [1169-1190], d'Herment, de Montrognon, Pontgibaud, etc., comte de Clermont, de Montferrand. Il prit les armes des

DAUPHINS D'AUVERGNE

Dauphins de Viennois, en mémoire de Guigues, Dauphin de Viennois, son bisaïeul : [*d'or, au dauphin d'azur, crêté, oreillé et barbé de gueules*]. Il soutint Richard Cœur-de-Lion contre Philippe-Auguste [1196]. Il bâtit le château de Crocq ; s'adonna à la poésie, protégea les troubadours. En 1209, le roi Philippe-Auguste lui fit de nouveau la guerre et Crocq lui fit alors enlevé avec 120 places, rendues en 1229. Il eut de G., comtesse de Montferrand, sa femme, Guillaume Ier, Dauphin d'Auvergne, seigneur de Crocq [1212], qui rendit foi-hommage au roi [1225] pour la terre de Crocq et épousa en premières noces Huguette de Chamalières,

dont il eut Robert II, qui suit, et en deuxièmes, Isabeau d'où vint Catherine, dont nous reparlerons après la descendance de son frère Robert II. Remarquons qu'à cette époque la terre de Crocq fut évidemment divisée en deux : une partie à Robert II, une partie à Catherine, sa sœur, et que les descendants des deux ont possédé Crocq : ceux de Robert II, jusque vers l'an 1333 ceux de Catherine jusqu'en 1346 Robert II, Dauphin d'Auvergne, seigneur de Crocq, testa en 1262, épousa Alix de Ventadour, dont Robert III, Dauphin d'Auvergne, seigneur de Crocq, mort en 1282, marié à Mahaut d'Auvergne, dont Robert IV, Dauphin d'Auvergne, seigneur de Crocq, mort en 1324, marié : 1° à Alix de Mercœur ; 2° à Isabeau de Châtillon, qui, en 1289, reçut la terre de Crocq pour son douaire. Du premier lit : Jean Ier, Dauphin d'Auvergne, seigneur de Crocq qui hérita, en 1321, de la terre de Mercœur et qui, en 1333, donna le château et la terre de Crocq à son cousin Guillaume de Chaslus, seigneur en partie de Giat [petit-fils d'Arbert, chevalier, seigneur de Tauzelles et de Cisternes et d'Alasie de Mercœur (donation confirmée par le roi Philippe) et ce pour transiger avec lui, car il était en partie héritier de la maison de Mercœur. Il y a apparence que Guillaume de Chaslus vendit ses droits sur Crocq à André de Chauvigny, dont nous parlerons. La famille de Chaslus, qui remonte au XIIe siècle, est originaire du pays de Chaslus (Puy-de-Dôme) près du bourg de Combrailles. Elle existe encore en Berry et porte : *d'azur, au poisson d'argent en bande accompagné de 6 étoiles d'or en orle.*

Catherine, Dauphine d'Auvergne, dame de Crocq [1212-1256], épousa Guichard V de Beaujeu, seigneur de Montpensier, d'une illustre maison du Beaujolais qui porte : *de sable, au lion d'or, grimpant l'écu semé de billettes de même.* Ils laissèrent : 1° Humbert, dont nous parlerons ; 2° Eric ou Heric de Beaujeu, seigneur de Crocq et d'Herment, maréchal de France, dit le *maréchal d'Herment*, marié à Alengarde d'Aubusson. En 1270, il partit pour la croisade avec le roi Saint-Louis et fut tué au siège de Tunis [1270] ; il mourut sans enfants (1). Humbert de Beaujeu, héritier d'Eric, son frère [1270], fut seigneur de Crocq, de Montpensier, d'Herment, connétable de France ; il mourut vers 1286, laissant d'Isabelle de Mello, sa femme, Jeanne de Beaujeu, dame de Crocq, d'Herment, de Montpensier, etc. [1286], marié à Jean II de Dreux, descendant de Robert de France, cinquième fils du roi Louis-le-Gros [de Dreux : *échiqueté d'or et d'azur, à la bordure de gueules*] ; elle mourut en 1309 et son mari la même année. Ils laissèrent : 1° Jean de Dreux, seigneur de Crocq, d'Herment, de Montpensier, etc., marié à Ide de Mauvoizin, mort en 1331 sans enfants ; 2° Pierre, comte de Dreux, seigneur de Crocq, après son frère [1331], mort en 1345, marié à

(1) Herex (Eric) de Beaujeu figure, vers 1250, parmi les vassaux du comte Alphonse, frère de Saint-Louis (apanagé de la terre d'Auvergne) comme seigneur de Crocq, d'Herment et du Montet-de-Gelat [Voir *Spicilegium brivatense,* par A. Chassaing, page 62].

VUE DE LA VILLE DE CROCQ

(CÔTÉ DU SUD)

Isabelle de Melun, dont il eut Jeanne de Dreux, dame de Crocq, née en 1345, morte en 1346. Après la mort de Jeanne de Dreux, le bailli d'Auvergne réclama la succession en faveur du sire de Beaujeu, comme plus près parent; mais un arrêt du parlement de Paris, du 13 avril 1350, adjugea Crocq et Montpensier à André de Chauvigny qui descendait des Beaujeu. Cet André fut seigneur de Saint-Chartier; épousa Jeanne de Gracay; en 1354, il est qualifié seigneur de Crocq [armes de Chauvigny : *d'argent, à 5 fusées et deux demies de gueules, en fasce, surmontées d'un lambel de sable de 6 pièces. Supports : deux anges. Cri : Chevaliers pleurent!*] André avait pour sœur Blanche de Chauvigny, mariée à Guy Le Bouteiller de Senlis [vers 1320], duquel mariage naquit : Guy le Bouteiller, seigneur de Crocq, de Leroux et d'Artonne [il possédait ces terres en 1363], marié, vers 1345, à Marie de Cherchemont. [*Le Bouteiller porte de gueules, chargé de 3 coupes d'or*, par allusion, à la charge de grand Bouteiller de France dont les Bouteiller ont été revêtus] : Guy laissa Blanche le Bouteiller, dame de Crocq, d'Artonne, mariée : 1° vers 1362, à Philibert de Lespinasse; 2° vers 1365, à Imbaud Brun du Peschin, qui suivra; 3° en 1376, à Godefroy de Boulogne, comte d'Auvergne.

Imbaud Brun du Peschin appartenait à une noble famille du nom de *Brun*, qui retint le nom de du Peschin, terre située en Bourbonnais et porte : *coupé d'argent et d'azur, à la croix ancrée de gueules sur l'argent et d'argent sur azur.* Il était fils de Chatard du Peschin; fut seigneur de Crocq (par sa femme), favori et gouverneur de Jean, duc de Berry [1364] et mourut en 1377, il eut : 1° Louis, seigneur de Leuroux, le Monteil, Artonne, chambellan du duc de Berry, marié à Yseult de Sully; il mourut avant 1430, et laissa : Jacquette du Peschin, qui après la mort de Jacques du Peschin et de Dauphine de Montlaur devint dame de Crocq [1460], dame de Leuroux, de Varennes, de Bellefons, de Benassac, d'Artonne, de Saint-Beauzire, du Peschin, etc., mariée, le 20 octobre 1416, à Bertrand VI de la Tour d'Auvergne, comte d'Auvergne et de Boulogne, dont nous reparlerons; 2° Jacques du Peschin, seigneur de Crocq, de Guérines (1) de Rochegude, auquel fut donné le château et la châ-

DU PESCHIN

(1) Guérines [Puy-de-Dôme], près d'Ambert.

L'uiscote de turenne
gran Pere

FRANÇOIS II DE LA TOUR D'AUVERGNE
Baron de Crocq, vicomte de Turenne († 1532), d'après un portrait
au crayon, du temps, conservé à Castle-Howard (Angleterre).

tellenie de Crocq par partage de 1388 (1). Il épousa, le 12 janvier 1381 (2). Dauphine de Montlaur, d'une illustre maison du Vivarais, fille de « noble et puissant homme » Jehan de Montlaur et d'Isabelle de Vulton. Le contrat de mariage fut passé à Saint-Bonnet-le-Chastel, en Auvergne (3) Dauphine de Montlaur, dame de Crocq et de Rochegude, est celle dont le souvenir vit encore dans cette localité, en vertu de ses immenses charités. [De Montlaur porte : *d'or, au lion de vair, armé, lampasse et couronné de gueules*]; elle résida au château de Crocq, vivait encore en 1458 et y mourut; 3° Jeanne du Peschin [fille d'Imbaut et de B. Le Bouteiller], marié en 1376 à Louis de Giac, seigneur de Giac et de Châteaugay, fils de Pierre, chancelier de France.

Jacques du Peschin, seigneur de Crocq, et Dauphine de Montlaur laissèrent : Françoise, morte vers 1430, mariée à Armand de Montlaur, vicomte de Polignac, qui, longtemps, disputa la vicomté de Polignac à la maison de Chalencon, en faveur de laquelle un arrêt fut prononcé par le Parlement [1464]. Il était fils de Louis, baron de Montlaur et de Marguerite de Polignac. Ils ne laissèrent pas d'enfants et la terre de Crocq revint, après la mort de Dauphine de Montlaur, au suivant.

Bertrand VI de la Tour d'Auvergne, comte d'Auvergne, seigneur de Crocq, marié en 1416, à Jacquette du Peschin et d'une des plus illustres maisons de France (4), mourut en 1461 ; sa femme lui survécut étant encore dame de Crocq en 1472 et mourut vers 1474 Ils eurent Bertrand VII, comte d'Auvergne, lequel en 1474, par sentence rendue par la chambre des requêtes à Paris, eut la moitié de la seigneurie de Crocq (5). Dame Catherine de Gault, femme de

(1) *Archives nationales*, R 2* 126.

(2) *Archives nationales*, R 2 22 [contrat original, en parchemin].

(3) Jacques du Peschin avait un sceau, en 1415, portant un écu *écartelé aux 1 et 4 une croix ancrée* (armes du Peschin); *aux 2 et 3 un sautoir engrelé, timbré d'un heaume,* cimé d'un buste de femme, dans un vol, supporté par 2 anges. [Invent. des sceaux de la collection Clairambault, in-4, n° 7123].

(4) Baluze a publié l'*Hist. généalogique de la maison d'Auvergne* et celle des *de la Tour d'Auvergne* [2 vol. in-folio].

(5) *Archives nationales*, R 2* 126. Le même Jacques du Peschin avait reçu du drap pour ses vêtements, de Nicolas Commy, marchand de Lucques, demeurant à Paris, en 1401. [*Collection Bastard d'Estang*, Biblioth. nationale, titre original]; le même reçoit en

HENRI I DE LA TOUR D'AUVERGNE
Baron de Crocq, duc de Bouillon, maréchal de France († 1623)
(D'après une gravure contemporaine de Moncornet).

feu Jacques Minut, premier président au parlement de Toulouse, représentait les droits dudit Bertrand VI, sur Crocq, quand elle les vendit, en 1526, à François de la Tour, vicomte de Turenne, déjà propriétaire de l'autre partie.

Agne IV de la Tour d'Auvergne, seigneur d'Olliergues, comte de Beaufort, vicomte de Turenne, de la famille et cousin de Bertrand VI qui précède, devint vers 1474, seigneur en partie de Crocq. Il testa dans le château de Turenne en 1488 et mourut en 1489. Sa femme, Marguerite de Roger-Beaufort, qu'il avait épousée en 1444, est dite

DE LA TOUR D'AUVERGNE dame de Crocq en 1474 ; elle le rendit père de Antoine de la Tour d'Auvergne, vicomte de Turenne, seigneur de Crocq, Olliergues, chambellan des rois Charles VIII et Louis XII, marié, en 1494, à Antoinette de Pons. Il mourut en 1527, laissant : François II de la Tour d'Auvergne [nous donnons son portrait], seigneur de Crocq, vicomte de Turenne, né à Limeuil, en Périgord, le 5 juillet 1491, chevalier de l'ordre du roi, capitaine de 100 hommes d'armes, gouverneur de Gênes, qui commanda l'armée de Picardie, ambassadeur en Angleterre, etc. Il rendit de grands services à la France et mourut en 1532 en Bretagne. Il avait épousé, en 1518, Anne de la Tour d'Auvergne, veuve en premières noces, de Charles de Bourbon, comte de Bouillon et, en deuxièmes, de Jean de Montmorency, seigneur d'Ecouen, laquelle était dame en partie de Crocq (comme descendant de Bertrand VI et de Jacquette du Peschin, dont elle était l'arrière-petite-fille). François II de la Tour d'Auvergne laissa : François III de la Tour d'Auvergne, baron de Crocq, vicomte de Turenne, gouverneur de Bresse, blessé mortellement à la bataille de Saint-Quentin [1557| ; il laissa d'Anne de Montmorency, sa femme, morte en 1556, fille d'Anne, connétable de France, Henri Ier de la Tour d'Auvergne, baron de Crocq, vicomte de Tu-

cadeau 6 tasses d'argent doré, données par le duc d'Orléans dont il était écuyer, pour ses étrennes, en 1402. [Même *Collect. Bastard d'Estang*] ; le même reçoit un cheval en don du même duc d'Orléans, cheval pris à Charles de Giresme, chevalier, 1411. [Même *Collect. Bastard d'Estang*].

FRÉDÉRIC-MAURICE DE LA TOUR D'AUVERGNE, DUC DE BOUILLON
Baron de Crocq en 1623-1631 (d'après une gravure due à Moncornet)

renne, qui devint duc de Bouillon [1591], prince de Sédan et de Raucourt, etc., etc., fait maréchal de France, en 1592, mort à Sédan en 1623. Il était né, en Auvergne, au château de Joze, près de Maringues, en 1553, et se fit protestant en 1575 ; devint le chef en Limousin et en Auvergne des protestants, sa vie a été publiée (3 vol. in-12). Il avait épousé, en 1591, Charlotte de la Marck, duchesse de Bouillon, princesse de Sédan, morte sans enfants en 1594 en l'établissant son héritier ; en secondes noces, Elisabeth de Nassau, dont il eut : 1º Frédéric-Maurice, qui suit ; 2º Henri II de la Tour d'Auvergne, vicomte de Turenne, connu sous le nom de *Turenne*, maréchal de France, l'un de nos plus illustres guerriers français, tué d'un coup de canon en 1675.

Frédéric-Maurice de la Tour d'Auvergne, comte d'Auvergne, duc de Bouillon, baron de Crocq [1623-1631], était encore sous la tutelle de sa mère et qualifié baron de Crocq, en 1626. Il mourut en 1652 à Pontoise, ayant épousé Léonce de Bergh, morte en 1651. En 1631, il fit vente de la baronnie de Crocq à Antoine Coëffier d'Effiat, qui suit :

Antoine Coëffier, dit Ruzé, marquis d'Effiat, baron de Crocq [1631-1632], grand-maître des mines et minières de France, premier écuyer de la grande écurie [1616]. Chevalier du Saint-Esprit [1625] ; nommé maréchal de France, en 1631, maréchal du Bourbonnais et d'Auvergne, puis gouverneur de ces deux provinces ; lieutenant général des armées en Allemagne. Mort de maladie à Luzenstein, en Allemagne, le 27 juillet 1632. Enterré dans l'église d'Effiat. Ses armes sont celles de son petit-fils Antoine [elles figurent à une page de cet ouvrage]. Il avait épousé, en 1610, Marie de Fourcy, dont il eut : 1º Henri, dit Cinq-Mars, favori de Louis XIII, décapité à Lyon, en 1642, à 22 ans, pour s'être laissé entraîner dans la conspiration de Gaston d'Orléans ;

Le maréchal d'Effiat
(Baron de Crocq
† 1632)

2º Martin, père d'Antoine, baron, qui suivra, et 3º l'abbé Jean, baron de Crocq, qui suit ; 4º Marie, née en 1614 à Paris, mariée en premières noces, à Charles de la Porte, duc de la Meilleraye, père de Charles-Armand, baron de Crocq, qui va suivre.

Jean Coëffier, fils du maréchal Antoine Coëffier, qui précède, fut baron de Crocq après son père. [Il est qualifié baron de Crocq en 1633.] Toutefois, il eut, pour co-seigneur, Armand-Charles de la Porte, qui suivra. Jean Coëffier, dit l'abbé d'effiat, fut abbé de

Saint-Sernin de Toulouse et de Trois-Fontaines, prieur de saint Eloi de Longjumeau. Né en 1622, il mourut à l'Arsenal à Paris, en octobre 1698 et fut enterré à Longjumeau.

ANTOINE COEFFIER DIT RUZÉ
Marquis d'Effiat, baron de Crocq, ✝ 1632 (médaille du temps)

Armand-Charles de la Porte, duc de la Meilleraye, neveu de l'abbé d'Effiat, qui précède [car il était fils du maréchal de la Meilleraye et de Marie Coëffier [dite Ruzé d'Effiat], né en 1632, mort en 1713, baron de Crocq en 1653-1665, fut grand-maître de l'artillerie, lieutenant général. Il épousa, en 1660, la belle Hortense Mancini, fille de la sœur du cardinal Mazarin, née à Rome en 1646, morte en Angleterre en 1699. Son éclatante beauté la fit rechercher par Charles II, roi d'Angleterre, que Mazarin refusa. Humiliée des bizarreries de son mari, qui se rendait la fable de toute la cour, elle le quitta [1666] et depuis mena une existence très légère. Elle se retira en Angleterre et vécut dans le faste, grâce à une pension du roi Charles II. De la Porte de la Meilleraye porte pour armes : *de gueules, au croissant d'hermines, l'écu bordé d'or.*

Antoine Coëffier dit Ruzé, marquis d'Effiat, baron de Crocq [1668-1701], neveu du célèbre et infortuné Cinq-Mars, fils de Martin, seigneur d'Effiat et de Marie-Isabelle d'Escoubleau de Sourdis, neveu de l'abbé d'Effiat, qui précède, et petit-fils d'Antoine, maréchal de France, fut chevalier des ordres, seigneur de Longjumeau, Gannat, Vichy, Vaux et Limagnes, Chilly, premier écuyer du duc d'Orléans, etc. Il naquit en 1638 et mourut sans postérité le 3 juin 1719. [Nous donnons ses armes, d'après un joli blason gravé de la chalcographie du Louvre.] Il avait épousé Marie-Anne Olivier de Leuville, gouvernante des enfants du duc d'Orléans.

François du Ligondès, baron de Rochefort et de Crocq, capitaine

DE LIGONDÈS

d'infanterie, acheta la baronnie de Crocq au précédent, le 23 mai 1701. Il avait épousé, en 1691, Françoise de Rivière. La maison de Ligondès ou du Ligondès, remonte par filiation à 1350. Elle a donné Guy de Ligondès qui fut à la croisade, en 1248. Cette famille est représentée : la branche aînée, à Paris; branche de Nouzerines, aux châteaux de Sainte-Feyre et du Leyrit (Creuse), voy. le *Leyrit* et *Châteaubodeau* [Dictionn.]; branche de Rochefort, au château de Saint-Bonnet de Rochefort (Allier). Armes : *d'azur, au lion grimpant d'or, lampassé, armé de gueules, l'écu semé de molettes d'éperon d'or.* François de Ligondès vendit la baronnie de Crocq au suivant, le 5 janvier 1720 (1).

Jacques de Saint-Julien, chevalier, marquis de la Rochette,

(1) *Bibliothèque nationale*, imprimés, Factums [F3, in-fol, volume 30]. Document imprimé de 4 pages in-folio.

ARMAND-CHARLES DE LA PORTE
Duc de la Meilleraye, baron de Crocq (1663-1665).

seigneur de Beauregard, Saint-Martial-le-Mont, la Gorsse, le Vivier en partie, devint baron de Crocq, par contrat du 5 janvier 1720. Il avait épousé, en 1710, Marie-Anne de Chauvigny de Blot, fille de Charles, comte du Vivier. [Elle était veuve en 1770]. Il eut 4 enfants dont 2 fils reçus chevalier de Malte et deux filles. La maison de Saint-Julien, l'une des plus anciennes du Limousin, remonte à Hugues de Chambon, qui reçut en apanage la baronnie de Saint-Julien dont il retint le nom et qui vivait en 1171. Elle a formé diverses branches et possédé les terres de la Chassaigne, de Flayat, de Peyrudette, de la Geneste. Elle porte *de sable, un lion grimpant d'or, lampassé, armé de gueules, l'écu semé de billettes d'or.* Cette famille est éteinte. La généalogie imprimée [16 pages in-4], généalogie, rarissime, se trouve à la *Bibliothèque nationale, Cabinet des titres,* registre 2758. Jacques de Saint-Julien vendit la baronnie de Crocq au suivant.

DE SAINT-JULIEN

Jean de Bertin, chevalier, seigneur, comte de Saint-Géran, Vaux, Bourdeille, Anesse, la Chezotte, etc., d'abord trésorier de France en la généralité de Bordeaux, puis conseiller au parlement de Guyenne, ensuite maître des requêtes, acheta la baronnie de Crocq, par forme d'échange, en 1720, au précédent et, par cet acte, abandonna à celui-ci la terre de la Chezotte. Il portait pour armes : *Ecartelé aux 1 et 4, d'azur au lion d'or, les pattes de devant appuyées sur une épée en pal d'argent; au 2 et 3, d'or à un rosier sur une terrasse, de sinople fleuri de 3 pièces de gueules, au chef d'azur, chargé de 3 étoiles d'or.* La famille Bertin appartient au Limousin. Jean de Bertin vendit la baronnie de Crocq, en 1738, au suivant :

Guy d'Ussel, marquis d'Ussel, baron de Crocq et de Châteauvert, seigneur du Bech, de Saint-Martial-le-Vieux, coseigneur de la ville d'Ussel, né en 1707, testa en 1747. Il acheta la baronnie de Crocq en 1738; monta dans les carrosses du roi à la suite de preuves nobiliaires faites avant l'an 1400. Sa femme, Marguerite de Saint-Julien, qu'il avait épousée, en 1732, dame de Flayat, donna, par son testament de 1749, 6 setiers de seigle aux pauvres de la baronnie de Crocq, le jour de son enterrement; elle le rendit père, entre autres enfants, de : 1° Marc-Antoine, qui suit; 2° Jean-

HORTENSE MANCINI
Baronne de Crocq, épouse d'Armand-Charles de la Porte, duc de la
Meilleraye, baron de Crocq (1665). — Nièce du cardinal Mazarin.

Hyacinthe, comte d'Ussel, né en 1748, mort à 101 ans en 1849, marié à Magdeleine du Bois de Saint-Hilaire, aïeul du comte d'Ussel résidant à Neuvic [Corrèze], dont 2 fils. La maison d'Ussel l'une des plus anciennes du Limousin, descend de Guillaume d'Ussel, fils cadet [en 1157] d'Ebles III de Vendatour et d'Agnès de Bourbon Armes :

D'USSEL

d'azur, à la porte [huis] d'or cloué, verrouillée de sable, accompagné de 3 étoiles d'or, 2 et 1. Marc-Antoine d'Ussel, marquis d'Ussel, baron de Crocq et de Châteauvert, coseigneur de la ville d'Ussel, s^r de Flayat, etc., capitaine dans le régiment de Conti, chevalier de Saint-Louis, épousa, en 1762, Catherine-Claire de Salvert de Montrognon, dont entr'autres enfants : Léonard, marquis d'Ussel, dernier baron de Crocq, en 1789, né en 1764, convoqué à l'Assemblée de la noblesse du Bas-Limousin [1789], sous-lieutenant dans le régiment du roi [infanterie], marié, en 1784, à Joséphine-Honorée-Souveraine de la Rochefoucauld-Cousages, fille d'un vice-amiral de France. Il est l'aïeul du général marquis d'Ussel, père d'un fils, officier, et de 2 filles. Le général d'Ussel avait un oncle, lequel a laissé deux fils : le comte d'Ussel, père de deux fils et d'une fille, et l'abbé d'Ussel, curé de Saint-Domet (1).

Le Baillage. — Crocq avait un baillage, comprenant la haute, moyenne et basse justice sur les localités des alentours. Les prisons du baillage étaient dans le château ; en 1676, Gabriel Lebel est qualifié « garde et concierge des prisons de Crocq ».

Baillis de Crocq. — Etienne Romeuf, avocat fiscal du roi en Auvergne, 1420 ; Jean de Bonnefont 1474 [son sceau porte, sur l'écu une bande] ; Michel Marlin, licencié en loix, 1584-1608 ; Jean Marlin, fils du précédent, 1610-1626 ; Annet Marlin, seigneur du Teilloux, fils du précédent, 1626-1647 ; Jean Vergnette, seigneur de la Mai

(1) V. Généalogie de la maison d'Ussel, dans l'*Hist. généal. de la maison de Bosredon*, par A. Tardieu, in-4, 1863 [p. 384 à 391].

NTOINE Rusé, Seign.... et Marquis d'Effiat, de Chilly

e Longjumeau. &c: Gouverneur de Montargis, premie...

...uier, et grand Veneur de Monsieur

s'on-rouge, 1650-1669; François Gallichier, 1673; Jacques Ruyneau, vers 1707; Michel Chermartin, seigneur des Bussières, avocat en Parlement, 1726-1739; Léonard-Victor Chermartin, seigneur des Bussières, 1781-1787.

ANCIENNE MUNICIPALITÉ

Crocq avait une municipalité avec 4 consuls, remontant très probablement au XIIIᵉ siècle. Une charte de franchises et de privilèges avait été accordée par le seigneur, vers cette époque. Plus tard, pendant les guerres avec les Anglais, elle fut perdue; ce qui obligea la ville à prier le seigneur [Jacques du Peschin] de la confirmer, ce qui eut lieu par acte du 8 juillet 1420, dont voici l'analyse (1) :

« Les manans et habitants de la ville de Crocq et des villages de Crusville [Crouville] du Monteillet et du Mont, exposèrent à Jacques du Peschin, écuyer, seigneur de Crocq, écuyer d'écurie du roi, qu'ils ont une franchise, appelée *la franchise de Croc*, qui leur a été donnée jadis par les prédécesseurs dudit Jacques; mais les lettres originales ont été perdues, *parce que le château de Crocq a été occupé par les Anglais*. Jacques du Peschin, commit maître *Etienne Romeuf*, bachelier en loix et en décret, avocat fiscal pour le roi, en Auvergne, et bailli de Crocq, pour faire une enquête sur les privilèges réclamés. Cette enquête fut dirigée par Durand Galobet, notaire et procureur dudit Jacques, en la cour de Riom. *Jehan Bruxière*, châtelain de Crocq et *Etienne Vialelle*, procureur dudit Jacques et receveur du lieu de Crocq, s'étaient concertés avec ledit bailli et Durand Doultre, conseiller dudit Jacques et auditeur de ses comptes qui avait reçu d'eux un rapport. Jacques du Peschin, confirma, alors, aux habitants de Crocq, les privilèges suivants : 1ᵘ Ils

_____

(1). L'original existe aux *Archives nationales*, carton R² 24. [1 page gr. in-folio; écriture serrée, document en français.]

LÉONARD, MARQUIS D'USSEL

Dernier baron de Crocq, en 1789.
(D'après une miniature possédée par un de ses descendants).

4

continueront à avoir 4 consuls chaque année, qui prêteront serment au seigneur de Crocq, à la Saint-Jean-Baptiste ; 2° un emplacement sera donné aux dits consuls pour y bâtir un hôtel de ville ; 3° les dits habitants ne seront point *mortaillables, mais francs et de franche condition.* Signé « Jacques du Peschin ».

La franchise, dont il est parlé dans ces privilèges, était un territoire exempt de toutes redevances au seigneur et situé autour de la ville :

Le 7 janvier 1517, maîtres Antoine et Amable Carabotz, Pierre Vergne et Etienne Bozeron, consuls de Crocq, reconnurent à Anne de la Tour d'Auvergne, dame de Crocq, qu'ils étaient obligés de payer, au seigneur de Crocq, chaque année, 20 livres tournois à la fête de Saint-Julien, à cause de la franchise dudit Crocq (1).

Quant aux consuls de Crocq, ils ont existé jusqu'en 1790, au moment de la création des maires. En 1702, Noël de Fretel et Antoine, son frère, achetèrent, 200 livres, l'office de *syndic* de la municipalité de Crocq.

La ville de Crocq avait jadis, dit-on, la propriété du bois d'Urbe. Le 3 septembre 1653, les 4 consuls de Crocq [Gabriel Lebel, Michel Blanchier, François Goltevene et René Chermartin], à la suite d'une délibération municipale, qui constatait que la ville était dans l'impossibilité de trouver de l'argent pour payer la cote de la taille, firent vente, aux habitants des Bussières, paroisse de Saint-Oradoux, d'un droit de pacage dans les communaux de Crocq, dit des Bussières, attenant à ce village, jusqu'au village de Saint-Oradoux, moyennant 115 livres.

Armoiries de Crocq. — Cette ville murée, ayant sa municipalité, possédait, sûrement, un blason municipal que l'on ne connaît point, actuellement. Crocq a donc adopté des ar-

(1) Voir original parchemin, *Archives de la Creuse,* série E [Titres de la famille d'Ussel]. Imprimé dans l'ouvrage *Chartes communales de la Creuse,* par Duval, p. 104,

moiries modernes, qui portent un *écu écartelé aux armes de la plupart des seigneurs de la ville* savoir : 1 *Dauphins d'Auvergne; 2 du Peschin; 3 Comtes d'Auvergne; 4 de Saint-Julien; 5 d'Ussel; 6 Coëffier d'Effiat; sur le tout de la Tour-d'Auvergne.*

COMMERCE

Crocq faisait, jadis, un commerce prospère avec des localités éloignées. L'industrie des cuirs, de la teinturerie, des sabots y règne encore.

Les Foires. — Elle existaient déjà, à Crocq, en 1261, ainsi qu'on le voit dans une charte [de mai 1261] par laquelle Eric de Beaujeu, seigneur d'Herment, et Arbert et Guillaume de Ti-nières, chevaliers, seigneurs de Fernoël, transigèrent au sujet du péage établi par ces derniers à Fernoël et dont seraient exempts les habitants d'Herment allant aux foires et marchés de Crocq (1). Crocq a, de nos jours, 12 foires. Il existe, dans ce lieu, une assez belle halle, moderne. Voici les droits de *layde* ou de foires, tels qu'ils étaient perçus, en 1530, au profit du seigneur de Crocq, sur les habitants de cette ville :

« Ce sont les ordonnances des laydes de Crocq par le rapport des anciennes : Premièrement, sur chaque beste grasse qui se vend en foire et marché de Croc, doivent au seigneur un denier de laide.

(1) Voir l'*Auvergne illustrée*, par A. Tardieu, année 1887 [La charte s'y trouve en entier].

Item, sur une douzaine de moutons, vendus par gens de la franchise, un denier. *Item*, sur chacun cordonnier ou cuirreur qui est hors de la ville, chacun samedi, 2 deniers ; *Item*, aux foires de Saint-Alice, de Carême et de Saint-Jean, lesdits cordonniers payent 7 deniers ; *Item*, à la foire de la Toussaint, 14 *deniers*. *Item*, chacun mercier, chacun samedi, un denier ; *Item*, chaque foire 4 deniers et s'ils portent soie 14 deniers. *Item*, sur chacun futallier, à chaque foire, un denier. *Item*, qui vend fromage, à la foire, un fromage. Plus, sur un cuvier, s'il se vend plus de 12 deniers, obole de laide. Sur chaque boucher de Crocq, 2 sous par an ; sur chaque panetier, de 100 pains de Carême et de Saint-Jean, 2 deniers. Qui porte chanvre, drap, linge, chaque samedi, un denier ; à chaque foire, un denier. Chaque verrier, le samedi, maille de laide. Qui vend pot de terre cuite, le samedi, un denier de laide ; à chaque foire, 3 deniers ; un panetier étranger doit, le samedi, un denier de laide, et à chaque foire, 3 deniers ; qui vend clefs de fer, à la foire, 3 deniers ; qui vend poivre, un denier. Qui porte fer, chaque samedi, un denier ; à la foire, 3 deniers Chaque drapier, un denier, le samedi ; à la foire, 3 deniers. Pour un cheval ferré, 4 deniers de laide ; s'il est déferré, 2 deniers. — Est à savoir que ceux qui sont propriétaires en la franchise de Crocq ne doivent pas de laide, si ce n'est les bouchers et panetiers. — Ordonnance des mesures : Le seigneur de Crocq prend la moitié des moudures et ceux qui ont les moulins l'autre moitié. Ordonnance des poids : celui qui pèse, doit 4 deniers pour quintal. *Item*, sur les terres froides de la franchise, le seigneur prend la moitié de la semence et la dîme. *Item*, au moulin de Chanenas, il est dû la moitié des moudures. Ceux de la franchise doivent fournage. Il en est de même pour ceux de *la Villeneuve* [c'est-à-dire la ville close de murs en l'an 1426].

La poste. — Crocq avait un relais de poste dès le xviie siècle. On sait que ces relais ont été établis en France par ordre du roi Louis XI, en 1464. Jean Chireix était maître de la poste, à Crocq, en 1673. Autre Jean Chireix possédait cette poste en 1720.

PERSONNAGE CÉLÈBRE

Cornudet des Chaumettes. [Le comte Joseph], né à Crocq, le 15 septembre 1755. D'abord lieutenant général au baillage de Montaigu-en-Combraille [1789]. Député à l'Assemblée législative [1791] ; du conseil des Anciens [1797]. A la fin de 1799, il fut l'un des principaux coopérateurs de la journée du 18 brumaire, qui porta Bonaparte au pouvoir. Dès l'origine, membre du sénat [1799] ; il s'y fit une position considérable. Comte de l'empire [1808]. Grand officier de la Légion d'honneur. Il présida, plusieurs fois, le collège électoral de la Creuse. En 1813, commissaire extraordinaire dans la 11ᵉ division militaire. Pair de France [1814]. De la Chambre des Cent jours, où il fit entendre de belles paroles de sagesse. Il reprit son siège de pair en 1819. Mort à Paris, le 13 septembre 1834.

FAMILLES ANCIENNES

Bourbon. — Guillaume Bourbon, notaire royal à Crocq, 1630-1641 ; Annet Bourbon, chanoine de Crocq, 1632-1663 ; Léonard Bourbon, notaire à Crocq, 1687. — **Charles.** Cette famille compte 6 notaires de père en fils [depuis 1693]. Annet Charles épousa Madeleine Banalette, dont François, né en 1626, qui eut Léonard, né à Crocq vers 1665, mort [1728], notaire royal en 1693, après son beau-père, marié à Marie Pradaleix. Il eut Michel, mort en 1759, notaire à Crocq [1729], marié en 1732 à Marie Bourbon, dont Michel, né en 1734, notaire à Crocq, 1759 ; juge de paix ; marié en 1752 : 1ᵒ à Marie Defournoux ; 2ᵒ à Anne Cornudet, en 1768 ; du second lit Michel, né en 1776, mort en 1854, notaire à Crocq (1808-1835); marié, en l'an XII, à Marie-Françoise Marlin du Fressinet, dont Lucien-Michel, né en 1808, notaire (1835-1865) ; mort en 1874, maire de Crocq, etc., marié à Marie Reuge. Il a été autorisé, par décret de 1854, lui et sa des-

cendance, à ajouter à son nom celui de *Martin*. Il est père de :
1º Jean-Michel, né en 1829, notaire à Crocq [depuis 1865] ; 2º Amé-
dée, né en 1832, avoué à Aubusson, licencié en droit, marié, en 1860,
à Marie Dupic, dont : 1º Alice, marié à Joseph Gasne, avocat à Paris ; 2º Maurice, né en 1864, avocat, officier de réserve. — **Chermartin,** seigneurs des Bussières, de Monneix, etc. Antoine Chermartin, marchand à Crocq, 1517. Jean Chermartin, chanoine de
Crocq 1542 ; Loys Chermartin, notaire royal, bailli d'Herment ; en
1592 ; il fut placé, par les Ligueurs, lors de la prise d'Herment, dans
un coffre où étaient les archives et menacé d'être brûlé vif. [V. *Hist.
d'Herment*, par A. Tardieu]. Jacques, son fils, résidant à Crocq, en
1642. Michel C. seig. des Bussières, avocat en Parlement, bailli de
Crocq, 1726-1729 : eut Antoine, seig. des Bussières, avocat en Parlement, marié en 1753, à Magdeleine Baudrionnet dont : 1º Léonard-
Victor, seig. des Bussières, de Monneix, de Tardes en 1781, bailli de
Crocq, dès 1781, encore bailli de Crocq, en 1788. Armes : *une bande
chargée de 3 étoiles, accomp. à dextre d'un champ de vair et à senestre d'un croissant contourné à dextre, à côté d'un arbre.* [V. ce blason
gravé au mot *Les Bussières, Dict.*] — **Chireix.** Antoine Chireix,
chanoine de Crocq, 1628 ; Jean Chireix, maître de la poste à Crocq, 1673 ;
Jean, son frère, conseiller du roi, contrôleur général, des rentes de
l'Hôtel-de-Ville de Paris en 1677 ; Jean Chireix, maître de la poste à
Crocq en 1720. — **Cornudet.** — Comtes. Seigneurs des Chaumettes,
des Farges, Bingeleix, etc. Très ancienne famille, originaire de
Chambon (Creuse). Jean Cornudet était payé, en 1588, d'une rente
sur la recette des tailles en l'élection de Combraille [*Archives de
la Creuse*, inventaire imprimé]. Filiation : Renaud Cornudet élu en
l'élection de Combraille et conseiller de S. A. Mademoiselle, duchesse de Montpensier, né à Chambon (Creuse), marié à Marie de
L'Arbre, d'une vieille famille d'Auzances [v. page 31] ; laissa Gilbert,
né à Chambon en 1670, notaire royal et procureur fiscal en 1723, à
Crocq, marié, en 1720 ; à Marie Chireix, fille de Jean, maître de poste
à Crocq. Il eut : 1º J.-Baptiste, qui suit ; 2º Joseph-Gilbert, qui
épousa, en 1775, Anne-Marie Pellissier du Chassaing, dont Michel,
né en 1777, mort en 1846, marié à M.-Joséphine de Villestivaud,
dont J.-Joseph-Henri, juge de paix à Pontgibaud, né en 1825, marié
à Cath.-Antoinette Cohadon, dont Marie-Anne-Emilie, née en 1859.
2º un fils, établi à Riom, celui-ci eut Michel, mort en 1855, père
de Léon, conseiller d'Etat, mort en 1875, qui laissa 2 fils : Michel,
maître des requêtes au Conseil d'Etat, et Frédéric, inspecteur de la
Banque de France ; 5º un fils, établi à La Roche-Bernard ; 4º Anne,
mariée en 1768, à Michel-Charles, notaire royal à Crocq. J.-B. Cor

LE COMTE JOSEPH CORNUDET DES CHAUMETTES
Né à Crocq en 1755, mort à Paris en 1834, membre du Sénat,
Pair de France, etc.,

nudet, seigneur des Farges, notaire royal à Crocq, avocat en Parle-
lement, bailli de Barmont, de Magnat, etc., né à Crocq en juillet
1721, y mourut le 28 sept. 1807. Il épousa, en 1751, Marie de Courteix, fille d'Annet et de Léonarde Chermartin des Bussières, dont :
1º Michel ; 2º Joseph, qui suit ; 3º une fille épouse de M. du
Courtial de La Suchette ; 4º Marie, mariée, en 1772, à Joseph-Annet
Chassaing, bailli d'Herment. Joseph Cornudet des Chaumettes,
écuyer (v. page 103), né à Crocq en 1755, mort à Paris en 1834 ;
membre du Sénat 1799 ; pair de France [1814], comte de l'Empire,
etc., marié, en 1787, à Jeanne Cellier du Montel, fille de feu
François, écuyer, capitaine au régiment royal-marine, dont :
1º Joséphine, mariée, en 1810, à M. Aubusson de Soubrebost, président de chambre à la cour de Limoges député ; 2º Julie,
mariée en 1813, au vicomte de Combarel ; 3º Etienne-Emile, qui
suit ; 4º Adèle, mariée à Lucien Arnault, préfet de la Meurthe.
Etienne-Emile C., né le 10 fév. 1795, à Felletin, entra au Conseil d'Etat
en 1813 ; servit dans les mousquetaires
[1814] ; sous préfet d'Issoudun [1819], puis
de Figeac. Député de la Creuse en 1831 ;
nommé pair de France en 1846 ; officier de
la L. d'honneur ; mort en 1876. Il avait
épousé, en 1821, Eglé-Eugénie Vanlerberghe
dont, entre autres enfants : le comte Joseph-
Alfred, né en 1825 à Paris, député de la
Creuse en 1867 ; chevalier de la L. d'honneur, etc., marié, en 1854, à Valentine de la
Redorte, petite-fille du maréchal Suchet, duc
d'Albuféra ; de ce mariage : 1º le comte
Emile, né en 1855, actuellement député

COMTES CORNUDET

de la Creuse, marié à Marie-Rose Monge ;
2º Jeanne, née en 1859, religieuse ; 3º Jo-
seph, né en 1861, marié à Mⁿᵉ de Villeneuve. Armes : *Coupé, au 1
parti, à dextre d'azur, au miroir d'or, accolé d'un serpent d'argent
et, à senestre, d'azur, au lion d'or arrêté ; au 2, de gueules, à la
fasce d'or.* Couronne : de *comte.* — **De Courteix.** Existait à Crocq
dès 1444. Joseph de Courteix, seig. de Neuvialle [1734]. Joseph de
Courteix, doct. en médecine à Crocq [1770] ; sa sœur épousa, en
1751, J.-B. Cornudet, seig. des Farges. La dernière de Courteix
porta l'étude de notaire de son père à M. Depoux. Leur fils
est conseiller général à Auzances. — **Defournoux,** jadis *de
Fournoux.* Cette famille est très ancienne et possédait le fief
de la Chaze avant 1789. Elle compte des notaires. Représentée

à Crocq. — **Gallichier.** — Jean Gallichier, notaire à Crocq, 1517. Jacques Gallichier, lieut.-général du baillage de Crocq, 1584. François Gallichier, époux de Antoinette Sentard, bailli de Crocq [1673], avait pour frère Sébastien, s. de la Pouge, marié à Germaine de Saint-Julien en 1677; et pour fille, Marie, épouse de Pierre de Beauverger, s. de Châteaucharles, Roumy, 1677. André Gallichier, s. des Granges et du Piat, 1668-1677 ; Jean son fils, s. des Granges et du Piat [1704], notaire royal à Crocq, procureur fiscal dudit lieu (1676), Marguerite Besse [1686], sa femme. Jean Gallichier, doct. en médecine à Crocq [1665-1692]. Jean, son fils. — **Marlin,** seigneur de Lavaud-Promis, Lavaud-Gouyard, chez Queyret, le Teilloux, les Chaussades, Fressinet, Charamblas, etc. Michel Marlin, s. du Teilloux, des Chaussades, d'Arfeuille, bailli de Crocq, licencié en loix, châtelain de la Mothe-Mérinchal, la Courtine, Roussine, testa en 1594 et mourut vers 1608. Il épousa, en 1559, Anthonia Banel, dont : 1º Jehan, qui suit ; 2º Gaspard, bailli de Crocq, 1610. Jehan M. lieut. du baillage de Crocq, puis bailli, testa en 1638 ; il laissa : Annet, s. du Teilloux, bailli de Crocq [1631-1647], époux de Gilberte de Guillaumanches, fille d'Aymon, s. du Chicheix et d'Anna de Ruben, dame de Lavaud, dont : Annet, s. du Teilloux, né en 1638, lieut. au baillage de Crocq, 1677, marié en 1655, à Jacquette de Vauchaussade, dont : 1º François, qui suit ; 2º François, *auteur de la 2e branche;* 3º Jeanne, femme de Blaise de Vauchaussade, écuyer, s. de la Chaud, la Ribière ; 4º François, cornette de cavalerie en 1689 ; capit. de Crocq, 1689 ; marié en 1680, à Catherine de Vedrine, fille de Jean, s. de Vilette, veuve de Pierre Pasquanet de Lavaud. François Marlin, écuyer, hérita en 1679, de son grand-oncle, Louis de Ruben, de la terre de Lavaud-Promis. Il fut nommé capit. de Crocq en 1695, lieut. de cavalerie [régim. de Souastre], en 1697, puis dans le régim. de la reine en 1702, capitaine en 1710. Il épousa Sébastienne d'Audebrand. Il eut Christophe, capit. dans le rég. de la reine, 1720 ; marié à Monamy de Vialeix, dont : 1º Michel, s. de la Villedieu, ancien garde du corps, 1783 ; 2º François, s. de Lavaud-Promis, Charamblas, Goutassou, né à Evaux en 1732, capit. dans le régiment d'Orléans (1675), chevalier de Saint-Louis, mort s. p. après 1787 ; il avait obtenu, en 1777, une pension de 1,000 livres du roi ; 3º Gabriel-Paul, né en 1744, marié à Anne Garreau de Mémanges, dont Charles-Philippe, mort vers 1881, lieut. dans l'armée royale de la Marche, 1816 ; marié : 1º à Ranon de la Vergne ; 2º en 1826 à Elisa Garreau de Mémanges, du dernier lit : 1º Marie, née en 1829, mariée en 1846 à Amable de la Ribière ; 2º Caroline, morte en 1876, mariée, en 1853, au baron Raoul de la Celle, mort en 1887. — 2º *Bran-*

4*

che. François Marlin, s. des Chaussades, du Fressinet et de Chez Queyrel [1684] ; épousa Anne Brandon ; il fut capit. au régiment de Piémont en 1679 ; il laissa Jean-François, s. des Chaussades, mort en 1738, mariée à Magdeleine Bourbon, décédée en 1773, dont : J.-B., s. du Fressinet, mort en 1781, marié, en 1766, à Léonarde Ducros, fille de Jean, proc. d'office à Crocq et de Françoise Chermartin, dont : 1° Jean-François, s. du Fressinet, mort en 1831, s. p. ; 2° Marie-Françoise, née en 1778, mariée, en l'an XII, à Michel Charles, notaire à Crocq ; 3° Michel M. du Chanset, né en 1780, mort en 1853. Sur son désir testamentaire, Lucien-Michel Charles, son neveu, a été autorisé, par décret de 1854, à joindre à son nom celui de Marlin. Armes : *d'azur, au veau d'or passant, surmonté d'une couronne ducale de même ; en pointe, 3 pommes de pin renversées d'argent, 2 et 1.* [V. ce blason gravé au mot *Lavaud-Promis, Dictionn.*] — **Pellissier.** — Seigneurs du Mont, Bingillex, Lavaud-Gouyard, etc. Paraît une branche des Pellissier de Féligonde, de Clermont-Ferrand, connus dès 1508, elle portait à peu près les mêmes armes. Michel P., notaire à Crocq, 1617 ; Gabriel P., châtelain de Crocq, 1634.

PELLISSIER

François P., bourgeois de Crocq, s. de Bingilleix, 1633-1645 ; époux de Marguerite Blanchier ; Michel, seig. du Mont, son fils, 1659-1696 ; celui-ci fit enregistrer ses armes en 1696, à l'Armorial général, *d'argent, au pélican avec sa piété de gueules, dans son nid, accomp. en chef de mouchetures d'hermines de gueules.* Annet P., écuyer, s. du Mont, le Chambon, la Grange, 1727. Pellissier, s. du Mont en 1789, eut deux filles : 1° Mᵐᵉ Roudaire ; 2° Mᵐᵉ Baluze (de Meymac). Jean P., seigneur de Lavaud-Gouyard, la Besse, 1684 ; épousa Jeanne Maître, dont : Antoine, écuyer, s. de Lavaud-Gouyard, 1701-1712 ; marié à Françoise de Villard. Il eut Claude, écuyer, s. de Lavaud-Gouyard, le Chassaing, mort en 1762, époux de Gilberte Lenoble. Sa fille épousa, en 1775, Joseph-Gilbert Cornudet de Jonzate, fils de Gilbert, notaire à Crocq et de Marie Chireix. Annet P., seig. de Lavaud-Gouyard, 1701. Jean P., s. de la Vialle, 1659 ; le même ou autre, maître des eaux et forêts de la baronnie de Crocq, 1664 ; Annet P., seig. du Nabeyron, d'Arfeuille, de la Vilette, lieut. de la baronnie de Crocq (1661), bailli de la Courtine, épousa Cath. Besse, dont : 1° Lionet, s. du Nebeyron, 1673 ; Pierre, seig. de Nabeyron, 1673. Guillaume P., seig. de Neufvialle, coseig. de la Besse, 1684. Michel P., chanoine à Crocq, 1780.

DICTIONNAIRE HISTORIQUE
ET ARCHÉOLOGIQUE

DES LOCALITÉS COMPRISES DANS LES CANTONS D'AUZANCES

ET DE CROCQ

☞ ABRÉVIATIONS : *s.* ou *seig.* veut dire *seigneur ; — coseig., oseigneur ; — c.* veut dire *commune.*

Aigueperse (c. de Dontreix). Domaine mentionné en 1357 [Les bâtiments n'existent plus].Vendu, eu 1733, par Aimée de Sarre, veuve de Louis de Cordebœuf-Beauverger-Montgon, s. de Matroux et Louis de Lestrange, chevalier, s. du Leyrit, son gendre, à Jean-François de Momet, prieur de Saint-Bard.

Amont (c. de Saint-Bard). Jadis *Amond.* Fief. Annet Pannetier, s. d'Amont, Montgremier, épousa, le 25 oct. 1613, Charlotte de Belvezeix, fille de Loys, s. de Barberolles et de Marguerite Bauduy. Il était fils de Georges, s. de Montgremier, d'Amont, et d'Anne de Vauchaussade, mariés en 1585. Annet laissa Jacques, s. d'Amont, marié, en 1668, à Suzanne de Lavaud-Pasquanet, dont : Denis, s. d'Amont, la Chaze, Montgremier, lieut.-colonel au régim. de la Tour, chevalier de Saint-Louis, marié, en 1715, à Louise d'Allemaigne, Armes des Pannetier : *d'azur, à une épée, la pointe en haut, en pal, d'argent, accostée de 3 étoiles d'or, une en chef 2 en pointe.* Louis de P. et Louise d'Allemaigne laissèrent Marie-Silvie dame d'Amont, la Chaze, morte en 1765 ; mariée en 1746, à Louis-François, marquis de la Celle, vicomte de Châteauclos, etc., député à l'Assemblée provinciale de Moulins, pour la noblesse de la Marche. Les de Celle, noblesse de la Marche, qui remonte à 1040, portent : *d'argent, à l'aigle de sable, membrée d'or.* Cette antique maison existe encore. Le chef de la famille est marquis.

Arfeuille (c. de Saint-Pardoux-d'Arnet). Fief à Michel Marlin, bailli de Crocq, en 1594; Annet Pellissier, s. d'Arfeuille, le Nabeyron, la Vilette [1661], lieut. de la justice de Crocq.

Arnet (c. de Saint-Pardoux). Ce village a ajouté son nom à celui du chef-lieu [V. *Saint-Pardoux*].

Auzancettes (c. du Compas). En 1859, plusieurs monnaies romaines furent trouvées dans ce lieu.

Banneix (c. de la Celle-Barmontoire). Jadis, *Le Baneix*. Fief à Laurent du Plantadis, écuyer, s. de Baneix, Le Bost, châtelain d'Aubusson, licencié en loix, marié à Anne Faure. Il testa en 1619, laissant Guy, s. de Baneix, mort à Paris en 1610, enterré dans l'église de Saint-Jacques la Boucherie, avec épitaphe. [*Epitaphier de Paris*]. Gilberte du Plantadis, sœur du précéd. Elle épousa, vers 1600, Antoine de Miomandre, et lui apporta le Baneix. François de Miomandre, écuyer du Baneix, en 1687. Pierre de Miomandre de Saint-Pardoux, le Baneix, vers 1700. Pierre-Joseph de Miomandre, chevalier s. de Saint-Pardoux, le Baneix, conseiller au grand conseil, 1789.

Bardelle (c. de Saint-Oradoux). Moulin détruit. Appartenait, en 1686, à Annet Marlin, du Teilloux.

Basville, chef-lieu de commune. 695 mèt. d'alt., 704 habit. 39 feux en 1357. Petite église du xve siècle. Curés : Pierre du Chier, 1625, Jacques Labas, 1641; Gorsse, 1687; Chinchaux, 1710. Il y avait une communauté de 5 prêtres, en 1641. Patron : Saint-Alyre. *Le prieuré (Prioratus de Baville)* [Baluze, *Miscellanea*, I, 300]. De l'archiprêtré d'Herment. Il dépendait de l'abbaye des bénédictins de Saint-Alyre, à Clermont-Ferrand, prieurs : Jean Bel, 1278; Guillaume Mazier, 1399; Jean Molle, 1499; Nicolas Bruxe, 1525; Antoine Bompard, moine de Saint-Alyre, 1790. — Le marquis de Saint-Julien de la Rochette, fut seigneur en partie de Basville, vers 1720. Léonard, marquis d'Ussel, le fut en 1789. Fillias de Chaludet et Biette, députés de la paroisse au Tiers-Etat [1789]. Inscription ancienne concernant la famille Vernède, sur une pierre faisant partie d'un mur de clôture. — En 1750, le rôle de la taille s'élevait, pour la paroisse, à 1987 livres pour 131 feux.

Beaume (c. de Basville). Fief, Raymond du Plantadis, s. de

Beaume, chanoine d'Herment, 1591 ; prieur de Bassac, 1613. Il testa en 1631.

Beauregard (c. de Sermur). Fief. Gaspard de Saint-Julien, s. de Beauregard, de la Rochette, épousa Jeanne Barthon de Monbas. Il eut Philibert, s. de Beauregard, marié, en 1686, à Anne d'Aubusson, dont Jacques, marquis de la Rochette, baron de Crocq [Voir

CHATEAU DE BROUSSE (v. page 111)

p. 92] s. de Beauregard, etc., marié, en 1710, à Anne de Chauvigny de Blot.

Belair (c. de Mérinchal). Fief faisant partie de la terre de Mal-Chastel, démembrée de la baronnie du Montel-de-Gelat par le mariage de Gilberte Motier de la Fayette avec Georges Sapin de Sapinière, originaire du Bourbonnais, vers 1550, lequel fit bâtir un petit

château à Belair, composé d'un logis avec une tour ronde au milieu.
Les Ligueurs incendièrent cette habitation, en 1590. Il ne fut pas
relevé de ses ruines qui ont servi à bâtir le domaine de Fontavide.
La tour existait, cependant, il y a quelques années. La famille Sapin de Belair, établie, ailleurs, a formé diverses branches (V. *Roussines* et *Truffy*, au Dictionn.).

Bingeleix (c. de Saint-Pardoux-d'Arnet) Fief. François Pellissier. s. de Bingelleix, 1633-1653, marié à Marguerite Blanchier;
Claude Pellissier, s. de Bingelleix, 1654. Marc-Ant. d'Ussel, baron
de Crocq, vendit, vers 1770, à J.-B. Cornudet, notaire royal à
Crocq, divers domaines, notamment, en haute, moyenne et basse
justice, le domaine de Bingeleix.

Blavepeyre (c. de Bussière-Nouvelle). Il y a une dizaine de
maisons. Jadis chef-l. de commune, réuni à Bussière-Nouvelle, le
20 juin 1842; 12 feux en 1357. *Blavapeira*, 1195; *Blavapetra*, 1197
[cart. de Bonlieu]; *Blava Petra* 1293; *Blavepeire*, 1496, [terrier
d'Evaux] *Blavepaire*, 1551 [registres d'Evaux]; *Blavepeyre*, 1728
[reg. de Chard]. Cure : Le commandeur de Nabeyron, en 1684,
et celui de Sainte-Anne, en 1711, nommaient le titulaire. Fête : la
Nativité de Saint-Jean. *La commanderie*. C'était une annexe de
celle de Sainte-Anne [Haute-Vienne] mentionnée en 1293 et qui
avait, par suite, les mêmes commandeurs que celle de Nabeyron
[V. le mot *Nabeyron*, du *Dictionn.*] En 1616, l'église paroissiale était
« toute par terre ». Le revenu du curé montait alors à environ 12 setiers de blé. Le commandeur était dîmier général de la paroisse, ce
qui valait environ 20 setiers de blé; les rentes féodales produisaient
autant, et la justice dépendait du château de Sermur. [*L'ordre de
Saint-Jean-Jérusalem ou de Malte, en Limousin*, par A. Vayssière, page 54].

Boutiniergues (c. de Saint-Agnant). Berceau d'une famille
d'origine bourgeoise. Un de Boutiniergues laissa 2 fils : 1° Antoine
qui suit; 2° Jean, bourgeois. Antoine de Boutiniergues, s. de La-
vialle [1646], du Theil, terre acquise par lui, conseiller honor. du roi
au présidial de Guéret [1696] marié à Gabrielle Robichon dont :
1° Marie, mariée, en 1693, à François Besse, bourgeois de Felletin, s.
de Foureix ; 2° Léonard, s. du Theil, conseiller honor. au présidial
de Guéret, mort en janvier 1751, au château du Theil, père de Marie,
dame du Theil, mariée, vers 1750, à Louis-Amable, marquis de la
Rochebisant, baron de Cléravaux, etc.

Brousse, chef-l. de commune, 123 habit ; 665 mèt. d'alt., 14 feux en 1357. 55 habitants en 1790. En latin, *Brucia. Brossa*, en 1357. Menhir, sur les limites des. communes de Brousse et de Châtelard. Petite église rebâtie à neuf, entourée du cimetière. Annexe de la paroisse des Mars en 1600, 1660. Fête : Nativité de Saint-Jean. Cure, collateur : l'évêque, en 1680, 1672, et le commandeur de Saint-Romain-en-Gal (de l'ordre de St-Jean de Jérusalem ou de Malte) en 1745, 1746. La *commanderie*. Annexe de celle de Saint-Romain-en-Gal [Rhône]. Liste de commandeurs : *Garin de Gaudet*, 1370 ; *Philibert de Prunier*, 1540 ; *François d'Ayat ou d'Ayant*, 1549 ; *Jean de Lemps*, 1613-1636 ; *Antoine de Ponchon*, 1681 ; *Nicolas*, 1686, *de Charrières*, 1708 ; *François Nicolas* 1713-1725 ; *Barthélemy Dandin*, 1725 ; *Joseph de Caissac*, 1729 ; *François de Boyer de Ruffé*, 1739 ; *de Peschaut* 1759 ; *de Pons de Tallendes*, 1745 ; *Guerrier*, 1778. — *Le Château féodal*. Gracieux manoir du xve siècle, conserve en entier ses machicoulis. La seigneurie de Brousse et le château appartenaient à Jean de la Grange, s. de Landogne, Brousse, marié à Claudia de Fournoux de Lavau-Gratton, dont la fille Claudia,

épousa Gilbert de Vauchaussade, le 27 août 1581, et lui porta Brousse. Ces derniers laissèrent François de Vauchaussade, écuyer, s. de Brousse et du Chatelard, marié, en janvier 1606, à Michelle de Noizat, fille de Jean, s. dudit lieu près Giat, et de Sébastienne de Jonat ; dont Renaud, écuyer, s. de Brousse, Chaumont, marié, le 22 oct. 1647, à Claudia de Beaufort, fille d'Antoine, écuyer, s. du Monteil, et de Marguerite de Durat, dont Gilbert, écuyer, s. de Brousse, Chaumont, marié, le 12 janvier 1683, à Françoise de Neuville de Tauzelles ; il servit au

DE VAUCHAUSSADE
DE CHAUMONT

rég. des gardes, puis dans une compagnie de chevau-légers et laissa : François, écuyer, s. de Brousse, Chaumont, la Maison-Neuve, qui rendit foi-hommage au roi pour ces terres [1684] ; épousa, le 30 déc. 1719, Marie de Chaussecourte, fille de Jean-François, comte du Bost, dont Claude, chevalier, s. de Brousse, Chaumont, marié, le 31 janvier 1746, à Silvie de la Chapelle, dont : 1° J.-B. qui suit ; 2° N., époux de Marie-Jeanne-Renée Charette, sœur du célèbre général vendéen, dont 3 filles, A., la marquise de Miramon ; B. la marquise de Potru ; C. Claudine, mariée, en 1824, au comte Charles-Hugues d'Alès. J.-B. de Vauchaussade, écuyer, s. du Chatelard, Saint-Blaise, Brousse, Saint-Myon, le

Puy, baron de Fedyt, fut arrêté par le comité révolutionnaire d'Auzances, le 15 brumaire, an II ; il épousa Olimpia Petitgrand, fille du général, dont : 1o Silvain, garde du corps de Charles X, mort célibataire ; 2o le baron de V. de Chaumont, capitaine, marié à Marie Gaillard, dont 7 enfants : 1o Antoine, baron de Chaumont, commandant de la garde républicaine, en retraite ; marié à Elisa Quentin. [Résidence : château de Lousson, Loir-et-Cher], sans enfants ; 2o Louis, capitaine en retraite, célibataire ; 3o Jean-Sylvain [Résidence ; Brousse], marié à Mlle Deyrolle, dont Marie-Antoinette ; 4o Marie-Amica, célibataire ; 5o Charles, capitaine en retraite, marié à Eugénie Paquin, dont Henri, René et Fernand ; 6o Victor, percepteur, mort célibataire [1878] ; 7o Henri, célibataire. La maison de Vauchaussade de Chaumont, dont le nom primitif est *du Hair*, antique noblesse de Bretagne, a pris le nom de *Vauchaussade* vers 1340 [Voir *Vauchaussade, Diciionn.*]. Armes : *d'azur, au croissant d'argent, à l'étoile de même en chef.*

Bussière-Nouvelle, chef-l. de commune, 402 habit , 35 feux, en 1357, 661 mèt. d'alt. *Ecclesia sancta Mariæ de Buxeria*, 1158 [ch. d'Evaux] ; *Ecclesia de Buxeria Nova*, 1249 (Hist. Maison d'Auvergne, II, 107) ; curé-chambre de *Bussière Nouvelle*, 1496 (Terr. d'Evaux) ; *Capella de Buxeria Nova* xive s. [Pouillé] ; *Buxera Novelle.* [1357] ; *Bussière-Nouvelle* 1550 [rég. d'Evaux]. Cure : De l'archiprêtré de Combraille ; érigée en prieuré-curé peu avant 1348 ; n'était précédemment qu'une chambrerie dépendant d'Evaux ; Annexe d'Evaux, en 1441. Fête : Sainte-Magdeleine ; jadis, celle de saint Pierre et de saint Paul. Le prieur d'Evaux, puis l'évêque de Limoges y nommaient. *Foires.* Jean, duc de Bourbon, mort en 1434 ; s. d'Auzances, fit rétablir à Bussière-Nouvelle, les 3 foires qui s'y tenaient et qui avaient été transférées à Auzances, en 1398, à cause des ravages des Anglais dans les alentours [Jouilleton, *Hist. de la Marche*, I, 404]. Ces trois foires sont les seules qui existent encore. Députés du Tiers-Etat, en 1789 : Jean Nichon et Louis Vignaudon. En 1739, le rôle de la taille : 546 livres 12 s. 3 d. pour 50 feux. — Gisements de houille dans cette commune.

Champ-Cé (c. de Saint-Georges-Nigremont). *Chansset.* On dit que ce nom rappelle une bataille livrée dans le vaste champ du Buis où l'on voit des ruines romaines. — Annet Brachet, s. du Maslaurent, lieut.-général de la Marche, vendit, vers 1640, à Jacques Masson, s. de la Salle, ses droits féodaux sur le village de *Chansset.* Cette famille Brachet, qui porte : *d'azur; à 2 chiens bra-*

ques d'argent passant l'un sur l'autre, est l'une des plus illustres de la Marche. Elle remonte au XIIᵉ siècle. Représentée par le marquis de Brachet, château du Mas-Laurent, près Felletin. Les Brachet comptent 4 chambellans de nos rois, 3 chevaliers de Saint-Michel, des chevaliers de Malte, des sénéchaux de la Marche, un sénéchal du Limousin, etc.

Chansset (Voir *Champ-Cé*).

DE BRACHET

Chard, chef-l. de commune ; 5 feux en 1357; 449 habit. en 1720; 637, de nos jours. Puy du Chassain, à 775 mèt. d'alt.; bois, détruit récemment, appelé bois de Chard, dans lequel les habitants avaient droit d'amener les porcs pour la glandée, avant 1789, moyennant une somme de 30 sous par chaque bête. — Chard doit son nom aux sources du Cher, voisines. Lieu appelé en latin : *locus de Caro*, en 1264; *dominus de Char*, 1322; (Généal. de la Roche-Aymon, p. 190); *Char*, 1357; *Prieur de Char*, 1536; *Chars*, 1549 [rég. d'Evaux]; *Chards*, 1675; [rég. de la paroisse]; *Char*, près *Auzances*, 1739, 1748 [rég. de la paroisse]. Patron : saint Pardoux. Collateur de la cure, avant 1789, l'abbé d'Ebreuil. La chapelle de Chatelard était l'annexe de l'église de Chard. En 1727, la taille, 1097 livres pour 82 cotes. *Seigneurs*. On croit que Eustorge de Cher, évêque de Limoges, en 1107 et Géraud de Cher, son neveu, évêque du même diocèse en 1137, † en 1187, étaient de l'ancienne maison de Chard à laquelle appartient N. de Cher, dame de Chard (*de Caro*), mariée à Guillaume de la Roche-Aymon, chevalier, vivant en 1225; ceux-ci, laissèrent Guillaume, chevalier, s. de Chard, qui rendit foi-hommage pour cette terre [1264]; vivait encore en 1283 et laissa N., père de Roger, chevalier, s. de Chard, en 1300-1324; marié à Isabelle, fille de Guillaume, s. de la Chirade et du Teil-au-Fauvre. On trouve Hugues de la Roche-Aymon, s. de Chard, père d'Hugues, s. de Chard, Salvert [1388]; époux de Marquèse, Ebrard de Montespedon. Louis de Montrognon, s. de Chard, et Salvert, vers 1430, épousa Marie du Puy du Coudray, dont Louis, s. de Chard, 1476, Romagnat, Salvert, époux de Marie de la Roche-Aymon, vivante en 1476. La fille de ces derniers fut dame de Chard et Salvert, et mariée à François de Rochefort, branche cadette des de Rochefort, baron de Chateauvert; cette branche portait : *fascé d'or et de gueules de 6 pièces, au*

lambel de sable, dont François, s. de Chard, Salvert [1536-1541] ;
chevalier et capitaine du Guet de Paris, gouverneur du château
d'Usson, marié : 1o à Jeanne de Courtenay ; 2o à Françoise de la
Roche, dame de Châteauneuf, Saint-Gervais [celle-ci vivait encore
en 1578]. Il eut du premier lit : Louise, dame de Chard, Salvert,
mariée à Jean de Monestay, s. de Forges, en Bourbonnais, chevalier des ordres du roi, gouverneur de Montluçon, gentilhomme de
la chambre, dont Gilbert, s. de Forges, Chard, gentilhomme de la
chambre du roi, marié, en 1611, à Claudine de Chazeron, dame de
Chazeron, vivant en 1643, dont François, s. de Chard, de Chazeron,
lieut.-général des armées en Roussillon, gouverneur de Brest, chevalier des ordres du roi en 1688, mort en décembre 1697 ; marié, en
1646, à Anne de Murat de Lafont, dont François-Amable, s. de Chard,
lieut.-général, gouverneur de Brest, mort en 1719, marié à Marie-Marguerite Barentin ; dont Charles-François, s. de Chard, né en 1697, au
château de Chazeron, lieut.-général [1741] ; mort s. p. ; marié à
Charlotte-Marie de Houdetot. Antoine-Alexandre Lebrun, s. de
Chard, Lioux, Troupine, conseiller à la cour des aides de Clermont acheta le fief de Chard au précédent. Il vendit, en 1770, pour
23,000 livres, à Michel-Gasp.-François Pasquanet de Lavaud, baron de Pierrebrune, divers droits féodaux sur Chard. Armes des
Lebrun de Chard : *Une colombe essorante, surmontée de 3 étoiles
en chef.* — *Le château :* Construction de l'an 1450, élevée par un
de Montrognon, seig. de Chard ; car on voit ses armes *(d'azur, à la
croix ancrée d'argent)* sur la porte de l'escalier : Manoir curieux,

DE MONTROGNON

avec escalier à tourelle, à pans coupés. Deux
magnifiques cheminées, en bois sculpté, de
l'an 1646 environ, aux armes et initiales de
François de Monestay, s. de Chard *(d'argent, à la bande de sable chargée de 2
etoiles d'or)* et de celle d'Anne de Murat de
Lafont, sa femme *(un chevron, 2 lions adossés en chef et 1 fontaine en pointe).* L'illustre évêque de Clermont, Massillon, allait,
les étés, au château de Chard. On y voyait,
encore, il y a quelques années, son lit à
pentes à baldaquin violet, ainsi qu'une bibliothèque intéressante, dispersée récemment. On remarquait, enfin, un joli bureau
en laque de Chine, ayant aussi servi à ce
prélat [acquis par M. A. Boyer, l'un de nous]. — M. Barmoncel
est propriétaire du château de Chard, qu'il a acquis de M. Du-

mon, et de l'habitation moderne qu'il a fait construire à côté. Nous donnons la vue de ces 2 constructions. On voit au château de Chard, dans un jardin, une baignoire très ancienne [Moyen-Age?] en pierre et fort grande, profonde et presque carrée, avec un escalier; elle est mise au rebut.

CHATEAU DE CHARD
(à droite).

Charousseix (c. de Rougnat). *Charoussel, 1757.* Ce village avait pour seigneur, celui de Chard, en 1757.

Chassignole (c. de Doutreix). Michel Dequeireaux, s de Chassignole, greffier en chef du dépôt à sel d'Auzances et Mainsat [1771].

Châteaubodeau. Château. La belle entrée, porte à mâchicoulis, où l'on voit les rainures du pont-levis, paraît du xvᵉ siècle. *Seigneurs.* Jean Bochard, s. de Châteaubodeau, 1500, avec Anne de Jonat, écuyer. Gilbert de Châteaubodeau et son frère Gabriel vendirent la terre de Châteaubodeau, le 27 avril 1534, à François de Ligondès qui avait épousé Jeanne, leur sœur. Cette maison de Châteaubodeau [armes : *d'azur, au chevron d'or accompagné de 3 quinte-feuilles de même 2 et 1, celui de la pointe surmonté d'un croissant d'argent*], existe au château d'Ysseulh, près Châteauneuf-sur-Cher (Cher) où réside le vicomte de Châteaubodeau. — François de Ligondès, qui précède, eut pour fils Sébastien, s. de Châteaubodeau, qui, en 1570, épousa Gabrielle de Jonat, fille de Jacques, s. en partie de Châteaubodeau, dont Jacques, s. de Châteaubodeau, marié, en 1593, à Anne de Rochefort d'Ally, dont Antoine, s. de Châteaubodeau, marié, en 1633, à Anne-Françoise de la Mer de Matha, dont Gaspard marquis de Ligondès, s. de Châteaubodeau,

DE CHATEAUBODEAU

brigadier d'armée, lieut.-général de Saintonges, et chevalier des ordres du roi, officier de grand mérite, que le roi Louis XIV appelait son *Vieux la guerre;* il commanda toute la cavalerie dans Mayenne, en 1689, lorsque Charles de Lorraine l'investit. Son régiment passait pour l'un des mieux montés de France. Il mourut en 1739, laissant Jacques, marquis de Châteaubodeau, maréchal de camp, marié, en 1730, à Anne du Pouget de Nadaillac; il mourut en 1749; fut enterré dans l'église de Rougnat, et laissa François, marquis et dernier seig. de Châteaubodeau, marié, en 1760, à Odette de Massol de Surville. Châteaubodeau passa à M. Raymon, vers 1815 et sa descendante, Madame Fourot, veuve de l'ancien député de la Creuse, possède actuellement ce château. Ses deux filles ont épousé, l'une l'aînée M. Martinon, l'autre M. Thonier. Dans ce château, vastes salles, une splendide cheminée en bois sculpté, de 1650 environ. [V. p. 90 et *Le Leyrit. Dictionn.*]

Chatelard. Chef-l. de commune. 738 mèt. d'altit., 95 habit. en 1720. Le rôle de la collecte (taille), en 1750, comprenant le bourg, composé de 24 feux. *Capella de Castellaria, 1208* (cart. de Boulieu); *Villa Castellarii, 1209 (idem); Echastellard, 1675* (reg. de Chard); *Le Chastellard Saint-Blaise, 1681, 1775 (idem).* Patron : S. Blaise. Cure : avait pour collateur l'abbé d'Ebreuil. Blaise de Chausse-

FRANÇOIS DE MONESTAY DE CHAZERON (v. p. 114)
Lieutenant-général d'armée, gouverneur de Brest († 1697), seigneur
de Chard. (D'après un portrait peint sur toile du château de Chazeron.)

courte, écuyer, s. du Chatellard, Cherdon, épousa Claudine de la
Grange, dame de Brousse, remariée, en 1581, à Gilbert de Vauchaussade. François de Vauchaussade, s. du Chatelard, Brousse,
marié à Michelle de Noizat, en 1606 ; J.-B. de Vauchaussade, baron
de Fedyt, son descendant, s. du Châtelard, Brousse [1789]. — En
1810, l'adjoint de Chatelard, M. Jamat, trouva dans un champ, des
médailles romaines renfermées dans de petits vases, les unes d'argent, d'autres de cuivre, envoyées au Musée de Guéret. Il y en avait
des empereurs Philippe, successeur de Gordien III et de Vibius Vo-
lusianus ; de l'an 253.

Chaupeyre (c. de Mérinchal). Fief Antoine du Plantadis, s. de
Chaupeyre, 1623, vendit ce fief à M. de Bosredont de Vieuxvoisin ;
M. de Ségonzat, s. de Chaupeyre, 1763.

Cheix (c. de Rougnat). Jean de la Roche-Aymon, s. de Cheix et la
Naute, eut Jean, s. de Cheix la Naute, 1438 ; dont : Helion, s. de
Cheix et la Mazière, dont : Louis, s. de Cheix, 1500.

Cherbaudy (c. de la Mazière, aux-B.-Hommes). Château existant, qui appartenait anciennement, aux moines de l'ordre de Grand-
mond. Annet de Vauchaussade, s. de Cherbaudy, 1605 ; épousa Anne
du Chier, dont : Antoinette, dame de Cherbaudy, mariée, en 1612, à
Charles du Fayet, s. de la Borie le Chier, les Chaumettes. Ce dernier
habitait Cherbaudy en 1642. Catherine, fille de Charles, qui précède,
porta Chabaudy, en 1662, à Jean de Lestrange, s. du Leyrit ; leur
descendant, le marquis de Lestrange, possédait Cherbaudy en 1780.
[V. *Le Leyrit. Dictionn.*]

Cherbouquet (c. de la Celle-Barmontoise). Fief. A appartenu
longtemps à la famille de Cherbouquet, dont les armoiries sont :
d'or, à 3 cœurs de gueules, 2 et 1. Léonard de Cherbouquet, seigneur de Cherbouquet, 1667 ; Marien de Cherbouquet, s. de Cherbouquet, 1670 ; Arnaud de Cherbouquet, s. de Cherbouquet, 1705-1708 ;
Ant. de Cherbouquet, 1730 ; Philippe de Cherbouquet, 1736 ; Arnaud
de Cherbouquet, seigneur de Cherbouquet, 1740-1789. La représen-
tante de cette famille est Mme Peyronnet, née de Cherbouquet, au
château du Theil. [Voir *Le Theil, Dictionn.*]

Cherdon (c. des Mars). Ancien château. Fief. Possédé, longtemps, par la noble maison de Chaussecourte, l'une des plus an-

ciennes du pays de Combraille, en latin *Cal-liga Curtæ*, connue dès 1196 et qui porte : *Emmanché d'argent et d'azur.* [V. *Dontreix. Dictionn.*] On dit qu'elle existe encore dans la Marche. Cette maison était fort riche dans le pays de Combraille. Jean de Chaussecourte, écuyer, s. de Cherdon et de Farges, 1396, épousa Catherine Potet d'Estansannes. Leur petit-fils Antoine de C., écuyer, s. de Cherdon, des Lignières, marié, en 1461, à Anne de Villelume. Le petit-fils de ces derniers, Gabriel de C., écuyer, s. de Cherdon, 1476, et de Montfloux, 1490, marié à Marguerite de Montfloux, dame dudit lieu, dont :

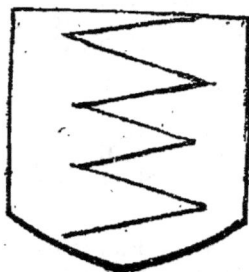

DE CHAUSSECOURTE

Blaise, écuyer, s. de Cherdon, Montfloux, marié, vers 1520, à Jeanne de Maillars, dont Antoine, écuyer, s. de Cherdon et de Montfloux (1557-1561), marié à Marguerite de Mercy, dont : 1º Blaise, qui suit ; 2º Antoine, auteur de la branche de Montfloux ; Blaise de C., écuyer, s. de Cherdon, épousa Marguerite de Chalus, dont Louis, s. de Cherdon, marié en 1623, à Nicolle de Selves, dont : Charles, comte du Bost, marié, en 1657, à Jeanne-Magdeleine de Salers, dont : Jean-François, s. de Cherdon, lequel eut Charles, marié, en 1710, à Marie-Angélique de Bosredont, dont : Marie-Sylvie, dame de Cherdon morte en 1761, marié à Joseph de Vauchaussade, écuyer, s. du Compas. En 1720, Charles de Montmorin, acheta Cherdon, qu'il vendit à Jacques Panier d'Orgeville, maître des requêtes, époux de Emilie de Sainte-Hermine. Cette dernière, veuve, revendit, en 1777, à Joseph-Antoine de Vissaguet, premier président au bureau des finances de Riom, seig. de Montaclier, la Tourette, dernier seigneur [1789].

Cherpozat. Gaspard Giraud, président des gabelles d'Auzances, Michel Vitton, seig. des Coursières et les héritiers de Louis de Lagrange, possédaient cette seigneurie en 1735.

Chez-Pyat (c. de Dontreix). Village détruit.

Chez-Queret (c. de Saint-Bard). *Chez-Queyrel*, 1676. Fief. François Marlin, s. de Chez-Queyrel et du Piat (1676-1684).

Chez-Sauty (c. de Flayat). Ce village a donné son nom à une famille bourgeoise. Emond Sauty, curé de Flayat, 1638. Jean Sauty, dit Savoyard, maître charpentier et entrepreneur, en 1644 ; Antoine

Sauty, notaire royal à Flayat, vendit son étude, en 1774, à Claude Echalier. Cette famille existe encore

Chicheix (c. de Flayat). *Cheyches* [1515]. Fief. Il y avait un château [détruit]. *Seigneurs*. Jean de Rochefort, dit Mossen, fils de Pierre, baron de Châteauvert, était seig. de Chicheix en 1506-1515. Jeanne-Marguerite de Rochefort, sa fille, porta cette terre, vers 1535, à René-Guillaume de Guillaumanches. En 1593, Raymond de Guillaumanches, s, de Chicheix, fut un de ceux qui prirent, par trahison, le château de Chateauvert avec le comte de Charlus de Vendes. Ce fut lui qui en baisant la main de la châtelaine, donna le signal. Anne de Ruben, sa veuve, testa en 1660. Chicheix, appartint aux de Saint-Julien [1732], d'Ussel [1789]. Aujourd'hui, domaine, à M. le comte de Brinon.

Condofcix (c. de Mérinchal). Fief à Antoine du Plantadis [1625]. Il le vendit à M. de Bosredont. Ses descendants en ont joui jusqu'en 1789.

Coulignat (c. de Flayat). Les cens et rentes appartenaient, en 1677, à Michel de Saint-Julien, baron de Flayat.

Courleix (c. d'Auzances) ou *Corleix*. La *commanderie*, c'était, dès 1311, une annexe de la commanderie de Tortebesse [Puy-de-Dôme, près d'Herment]. Le 12 mars 1473, le commandeur de Tortebesse la donna en jouissance à Jean Challamel, chevalier de Saint-Jean de Jérusalem. Il y avait une église paroissiale, dont il reste à peine quelques vestiges près du pont et dédiée à S. Eustache. Le 7 septembre 1784, un décret d'union supprima la paroisse de Courleix et l'unit à celle d'Auzances. Le commandeur de Tortebesse avait la collation de la cure. Il y avait aussi une petite chapelle sous le vocable de S. Jean. En 1616, l'église était couverte en chaume ; le curé avait pour revenu 5 setiers de seigle, mesure d'Auzances. Le commandeur tirait, de la dîme, 4 setiers de seigle et 8 d'avoine ; les rentes produisaient 10 livres, 19 setiers de seigle, 13 setiers d'avoine ; elles se levaient sur les villages de Courleix et quelques autres. La haute justice appartenait au seig. d'Auzances. En 1617, cette annexe rapportait 84 livres au commandeur de Tortebesse. (*L'ordre de Saint-Jean de Jérusalem, en Limousin*, par A. Vayssière, in-8, 1884, p. 143). (V. le mot *La Mazière-aux-Bons-Hommes*, du *Dictionn*.)

Coustaux (c. de la Mazière-aux-Bons-Hommes). Ant. Sondou vendit ses propriétés, dans ce lieu, à Marien Sapin, chirurgien, à la Saudade, en 1673.

Cujasseix (c. de Rougnat). Fief qui appartenait, vers 1693, à Gilbert Barthon, s. de Villemoleix, près Chambon.

Dioulidoux (c. des Mars). Ce village devait une rente féodale aux prêtres-curés des Mars (1789).

CHATEAUBODEAU (v. p. 116)
(Porte d'entrée de la cour du château)

Dontreix. Chef-l. de commune. 40 feux, en 1357. — *De Dontreys*, *1249 (Hist. de la Maison d'Auvergne*, II, 107); *prior Dontrey*, *1217* (cart. de Bonlieu); *Ecclesia Dontre*, *1287*; Baluze, *Mescellania*, tome I, 299; *Dontreys*, *1441*; (Archives du marquis de Bonneval); *de Dontrigii* *(1535).* Guillaume de Dontrays possédait ce fief en 1249. Il fut pleige du comte d'Auvergne, Robert V, en 1274. Dontreix, 1534, 1571, 1651. L'église : patron, S. Julien ; avait une communauté de prêtres, en

1763. Le curé était nommé par l'abbé de Saint-Genoux, diocèse de Bourges. Prieuré : patron, S. Julien; nominateur, l'abbé de Saint-Genoux. L'église du Montel-du-Gelat a dépendu comme annexe de celle de Dontreix. Prieurs : Michel de Douhet, prieur, 1666-1669 ; Gilbert de Douhet, 1675-1701; Ignace de Marcelange d'Arson, vers 1730. — Ce fief a appartenu, longtemps, aux de Chaussecourte, qui avaient, dans les dépendances de cette terre, la grande forêt dite de Drouille. Citons : Guillaume de Chaussecourte, s. de Dontreix, possesseur du bois de Drouille, 1302. Il eut : 1o Louis, qui suit; 2o Raulain, damoiseau, co-possesseur du bois de Drouille, 1330-1331. Louis de C., damoiseau, s. de Dontreix, possess. de la forêt de Drouille, 1333 ; rendit foi-hommage à l'évêque de Clermont. Il eut : Bertrand, s. de Dontreix, 1342-1353, père de Chossinot, damoiseau, possesseur du bois de Drouille, 1355. Cette antique maison des Chaussecourte (V. le mot *Cherdon*, du *Dictionn.*) continua à posséder Dontreix, du xve au xviie siècles ; car Louis de Chaussecourte était s. de Dontreix en 1670-1684. Jean-François de Cordebœuf de Beauverger fut s. de Dontreix, Matroux, en 1651 ; M. Mortioux le fut en 1789.

Farges (c. de Rougnat). Fief. Catherine de Chaussecourte, dame des Farges, 1330. Jean de Chaussecourte, damoiseau, s. de Cherdon des Farges, 1336. Gabriel Momet, s. de Farges, 1603 ; de lui descend, Jean, s. de Farges, 1680, châtelain d'Auzances, marié à Charlotte de la Villaine, dont : A. Gabriel, s. des Farges, châtelain d'Auzances, 1707 ; B. Louis, s. des Farges, 1723, époux de Marie de Momet ; de lui, doit descendre, Gilbert, s. des Farges 1754, élu en l'élection de Combraille, châtelain d'Auzances.

Ferrachat (c. du Compas). En 1474, Louis de Montrognon, s. de Chard, de Salvert et de Romagnat, en reconnaissance de divers bienfaits, affranchit une femme serve, Loyse de Ferrachat, fille d'Ant. demeurant à la Borie, paroisse de Sermur [V. *Chartes et franchises locales de la Creuse*, par L. Duval, 1877, page 153].

Flayat, chef-l. de commune, 761 mèt. d'altit., 982 habit. *Flayac; Capella de Flayac*, xive s. [Pouillé]; *Paroisse et seigneurie de Fleat*, 1462 (Sénéchaussée); *Flayat*, 1462 *(idem)* ; paroisse de Saint-Martin-de-Flayat, 1754 [registr. d'Evaux]. Ordonné, en 1527, d'achever de bâtir l'église de Flayat. Cure : collateur, l'évêque de Limoges en 1474, 1475, 1483, 1494, 1578, 1581, 1658, 1670, 1685, 1731, 1748. Curés : Emond Sauty, 1631 ; Michon, 1626. Fête : L'Ordination de saint Martin de Tours. Les décimes produisaient 37 livres en 1789.

Dans la paroisse, il y a, à 2 kilom. sur une hauteur, la petite chapelle de Saint-Clair qui paraît du xviiᵉ siècle. Seigneurs : Aymon de la Roche, chevalier, s. de Flayat; Champagnac, en 1250, eut Guillaume, mort avant 1281 et celui-ci Aymon, s. de Flayat, en 1281 [Généalog. de la Roche-Aymon]. Gadiffer de Malleret, fils de Philibert, s. de la Roche-Guillebaut et de Jeanne Brandon, capitaine du château d'Herment, vers 1440; s. de Flayat, Gouzon, [armes : *d'or, au lion de gueules*], laissa Claude, vivant en 1491. Fleur de Malleret, sœur de Gadiffer, dame de Gouzon, Flayat en partie, épousa Jacques de la Roche-Aymon, s. de Mainsat [*Généalog. de la Roche-Aymon*] Guichard de Malleret, écuyer, s. de Flayat, 1533, reconnut qu'il devait foi-hommage au prévôt de Chambon. Loys de Malleret, vivant en 1563, fit renouveler le terrier de Flayat. De lui descend Jean de Malleret, s. de Flayat, mort sans enfants, lequel institua Louise de Lestrange, sa femme,

DE COSNAC

son héritière. Celle-ci, épousa, en secondes noces, en 1590, Jean de Saint-Julien, fils, de Malhurin, s. de la Geneste, et lui porta Flayat. François de Saint-Julien, fils de Jean, fut s. de Flayat; il épousa, en 1637, Catherine de la Borde, dont, Michel, baron de Flayat, marié en 1669, à Blasie Chrestien, dont Antoine, comte de Flayat, marié, en 1714, à Marie-Marguerite Belin, dont Marguerite, dame de Flayat, mariée, en 1732, à Guy, marquis d'Ussel, baron de Chateauvert, dont Marc-Antoine, marquis d'Ussel, s. de Flayat, etc., marié, en 1762, à Cath.-Claire de Salvert de Montrognon, dont Marie-Louise-Hyacinthe d'Ussel, née en 1772, morte en 1850, mariée à J.-B , marquis de Cosnac, d'une illustre maison du Limousin. Armes : *d'argent, au lion grimp. de sable, armé, couronné et lampassé de gueules, l'écu semé d'étoiles de sable*, et qui remonte à l'an 924. Elle compte deux branches existantes : 1o le marquis Henri de Cosnac, né en 1830 [branche aînée]; 2o le comte Gabriel-Jules de Cosnac, né en 1819 [branche de Beynat]. Le marquis J.-B. de Cosnac, qui précède, chevalier de Saint-Louis, lieut.-colonel, etc., émigra. Sa femme, emprisonnée

DE BRINON

à Saint-Angel, eut à subir une détention cruelle dans l'église de ce lieu où elle passa l'hiver de 1793 à 1794, avec de nombreuses compagnes. En l'an VI, elle vint au château de Flayat, après le partage des biens de la maison d'Ussel. Elle eut le marquis Charles, garde du corps, marié à Françoise de Vernin d'Aigrepont, morte en 1869, dont Marie-Louise-Emilienne, née en 1828, morte en 1880, au château de Flayat, qui porta, en 1849, ce château, à son mari, le comte Sigismond-Gustave de Brinon, né en 1827, en Bourbonnais, ancien officier, maire, délégué cantonal, etc., d'une ancienne famille noble, originaire des environs de Versailles, dont une branche s'était établie en Bourbonnais au xvi° siècle; de ce mariage sont nés 10 enfants. [Armes de Brinon : *d'azur, au chevron d'or : au chef denché de même.*] (*La branche du Bourbonnais brise d'un croissant d'argent en pointe.*) *Biographie.* L'abbé J.-B. Michon, né à Flayat, curé de Saint-Dionis et de la Courtine, prieur de Saint-Loup, de la d'Aigue [1741-1766], a écrit un curieux manuscrit, *Annales de la Courtine* (Creuse). In-fol. inédit, conservé dans sa famille par M. Bayle Saint-Sestiers. Une copie, incomplète, se trouve entre les mains du curé de la Courtine.

Fougères (c. de Mérinchal). *Les Fougères*, 1368. Bertrand de Durat, s. des Fougères, 1368.

Goutassou (c. de la Celle-Barmontoise). Fief. François Marlin, s. de Lavaud-Promis, Goutassou 1789.

Hautesserre (c. de Dontreix). Fief. Guillaume Aubert, neveu du pape Innocent VI, acheta de Bernard de Ventadour, en 1356, le fief d'Hautesserre. François de Cordebœuf-Beauverger, s. de Matroux, Hautesserre, vers 1650, et ses 2 fils, Louis et Alexandre, s d'Hautesserre, 1690. François de Douhet, s. de la Fontete, d'Hautesserre, en 1686, et, après lui, son fils, Pierre, s. des Monneyroux. M. de Momet, s. d'Hautesserre, en 1789, avait 2 frères prêtres compris dans les noyades de Nantes. Il a eu pour petite-fille, Mme H. Thaury, née de Momet, résidant à Evaux (Creuse).

La Besse (c. de Saint-Maurice). Fief. Jacques Momet, s. de la Besse, fils de Jean, châtelain de Sermur, fut châtelain de Sermur, en 1657, avocat en Parlement; il épousa Gilberte Meghon; de lui, descend Jacques Momet, s. des Farges, subdélégué de l'intendant, maire perpétuel d'Auzances, en 1750. (V. les mots *Villetourteix, Prunevieille,* du *Dictionn.*)

La Besse (c. de Dontreix). Fief qui, en 1789, appartenait à la famille bourgeoise Sersiron, du Montel-de-Gelat. Guillaume-Jean Sersiron de la Besse, né au Montel-de-Gelat, vers 1750, sorvit, d'abord, dans les corps royalistes, sous M. de Frotté, tua plusieurs gendarmes, arrêta la malle-poste de Felletin, comme chef de la chouanerie d'Auvergne, fut condamné, par une commission, à être fusillé [4 frimaire, an VIII] ; mais s'enfuit dans les montagnes d'Auvergne. Découvert et accusé des désordres qui s'y commettaient, il fut mis

CHATEAU DE FLAYAT (v. p. 122)

en surveillance dans le Calvados. Arrêté comme servant d'intermédiaire entre les princes et l'Angleterre, il fut transféré à Paris et renfermé dans la prison de la Force, en 1801. [V. p, 23]. Le ministre de la police l'envoya ensuite dans le départ. de l'Allier, sous la surveillance des autorités.

La Bessède (c. de Mérinchal). Fief. A la dame de Lerault (1789).

La Celle - Barmontoise. — Le qualificatif *Barmontoise* vient de ce que cette localité est située à côté du château féodal de *Barmont*, dont il reste des ruines, dans une commune voisine, hors du canton d'Auzances. *Capella de Cella prope Bermont*, XIVe s. (Pouillé); *La Selle Barmontoyse, 1556* (terr. de Poux). Collation de la cure, de 1573 à 1738, à la maison de la Roche, des seigneurs du Ronzet, près de Giat. Curés : Pierre de Champsel, 1573; Antoine Vernet, 1603; Jean Cherondel, 1629-1681; Michel de Vauchaussade, 1681; Annet de la Porte, 1691; Gilbert Blandain, 1738. Patron de la paroisse : Saint-Pardoux. L'église paroissiale, a été démolie au XIXe siècle et transférée à la Vilatelle; le cimetière existe encore. — *Seigneurs* : Pendant long-

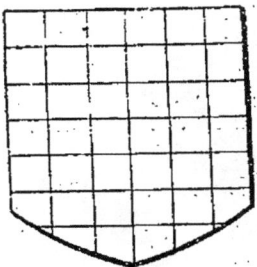

DU PUY DE BARMONT

temps et jusqu'en 1789, les seigneurs de Barmont, savoir : Aymar, s. de Barmont, Cléravaux, la Celle, en 1364, marié à Gaillarde de Montclar. Jean du Puy, dit le Grand, s. de Barmont, la Celle, Vatan, Cléravaux, etc., mort en 1422, épousa Isabelle du Palais, morte en 1413 (du Puy : *échiqueté d'argent et de gueules de 7 tires*) Il eut : 1º Jean, qui suit; 2º Annette, mariée, en 1402, à Roger de la Roche-Aymon, auquel elle porta Barmont. Son descendant, Renaud II, s. de Barmont, la Celle-B., Mainsat, mort en 1630, épousa Antoinette de Brichanteau. Il eut deux fils : 1º Antoine, s. de Mainsat, auteur de la branche existante au château de Mainsat; 2º Nicolas, s. de Barmont, de la Celle, du Chier, de Roussine, etc., marié en 1719, à Jeanne-Marie de la Tour-d'Auvergne, dont : Henriette-Françoise, née en 1720, morte à Murat-le-Quaire, en 1796, dame de Barmont, la Celle, etc., mariée, en 1736, à Just-Henri du Bourg, marquis de Saint-Polgues et de Bozas, député de la noblesse d'Annonay, en 1789. Leur arrière-petit-fils, le marquis du Bourg de Bozas, réside au château de Prye (Nièvre). Armes d'azur, des du Bourg : *à 3 tiges d'épines feuillées d'argent.* — Les de la Roche-Aymon, ont pris leur nom d'un antique château féodal, dont il reste quelques ruines, près d'Evaux (Creuse). Le plus anciennement connu est Aymon de la Roche, en 1100, et en mémoire duquel le nom ajouté à celui de la Roche, est resté à ses descendants. Nous citerons parmi ceux-ci : Raoul, archevêque de Lyon, abbé de Clairvaux, mort en 1235; et, surtout, Charles-Antoine de la Roche-Aymon, né au château de Mainsat (Creuse), le 17 février, 1697, mort à Paris, dans l'abbaye

CHARLES-ANTOINE DE LA ROCHE-AYMON

Né au château de Mainsat (Creuse) en 1697, mort à Paris en 1777
Cardinal; archevêque-duc de Reims, grand-aumônier de France.

de Saint-Germain-des-Prés, le 27 oct. 1777, archevêque, duc de Reims, premier pair, en 1762; grand aumônier de France, en 1760; commandeur du Saint-Esprit, en 1763; cardinal, en 1771, abbé de Saint-Germain-des-Prés, 1772), etc.; c'est lui qui sacra Louis XVI. Citons encore : 2 chevaliers croisés, des sénéchaux de la Marche, des commandeurs de Malte, depuis 1240, 4 lieut.-généraux d'armée, l'un d'eux, le marquis de Saint-Maixent, commanda l'artillerie française à la bataille de Fontenay (1745) : Armes de la Roche-Aymon : *de sable, semé d'étoiles d'or ; au lion de même, lampassé armé de gueules brochant sur le tout.* Représentant : M. le marquis de la Roche-Aymon, ancien député, [au château de ses ancêtres, Mainsat, Creuse].

DE LA ROCHE-AYMON

— L'abbé d'Estrées a publié, en 1776, l'*Histoire généalogique de la maison de la Roche-Aymon*, in-folio, rempli de recherches. Il existe au château de Mainsat une splendide galerie de portraits des de la Roche-Aymon. Citons celui-ci : Renaud II de la Roche-Aymon, mort en 1630, marié en 1614, à Antoinette de Brichanteau. Il fut seig. de Barmont et la Celle-Barmontoise. — D'autre part, Jean du Puy, frère d'Anette qui précède, marié à Jeanne de Bellenave, fut aussi seig. de Barmont, Cléravaux. Sa fille, épousa : 1º Louis de Vissac, s. de Marsat; 2º Jean de Chazeron. Gilbert du Puy, chevalier, s. de Barmont, de Vatan, chambellan du duc d'Orléans, capit. du bois de Vincennes, vivait en 1484. Il était bailli de Valois en 1478. Jean du Puy, baron de Barmont, 1548.

Lachamp. [V. *Laschamps.*]

La Chassagne (c. de Mérinchal). Fief. J.-B. de Laporte, s. de la Chassaigne, bourgeois d'Auzances (1789).

Lachaud, village détruit (c. de de Basville), à côté de l'étang de ce nom.

La Chaze (c. de Sermur). Fief. Jacques de la Chaze, écuyer, s. de la Chaze (1357). Jean de Saunade, écuyer, s. de la Chaze, Saunade, 1439, eut Antoine, écuyer, s. de la Chaze, marié, en 1440, à Cath. des Ages, dont Antoine, écuyer, s. de la Chaze, 1498, père de François, s. de la Chaze, 1515, marié à Anne Pichot, dont Antoine, écuyer, s. de la Chaze, 1535-1551 ; marié à Anne de Bonneval, dont Léonet, s. de la Chaze, gendarme de la compagnie de François, bâtard d'Orléans, 1575 ; marié, en 1570, à Jeanne de Beaufort, dont Jean, écuyer, s. de la Chaze, marié, en 1619, à Jeanne des Moulins, dont Lionet, s. de la Chaze, marié, en 1627, à Jeanne de Cluys ; il eut Gilbert, s. de Vauchaussade. (Voir *Vauchaussade. Dictionn.*) Armes de Saunade : *d'argent, à la fasce d'azur, chargée de 3 étoiles d'or* Il y avait une chapelle dans le château de la Chaze, en 1770. Marie-Silvie de Pannetier d'Amont, dame de la Chaze, épousa, en 1746, Louis-François, marquis de la Celle, vicomte de Châteauclos. Elle mourut en 1765. Son mari possédait encore la Chaze, en 1789. (V. le mot *Amont. Dictionnaire,* v. page 107).

DE LA CELLE

La Chezotte (c. des Mars). Fief. La *Chazote*, 1603 ; Jacques de Saint-Julien, s de la Chezote, fut père de François, s. de la Chezote, dont Gilbert qui eut Jean de Saint-Julien, s. de la Chezote, 1603.

Charemblas (c. de la Celle-Barmontoise). François Marlin, écuyer, s. de Lavaud-Promis, Charemblas, chevalier de Saint-Louis, ancien capit. au régiment d'Orléans (1783-1788).

La Combe (c. de Sermur). Fief. Pierre de Montrognon, s. de la Combe, fils de Jean, s. du Mas et de Françoise de Laval, épousa, en 1618, Jeanne des Brandons. Celle-ci donna la Combe, en 1660, à Marien de Montrognon, son beau-frère. Jean de Montrognon, écuyer, s. de Marsac, la Combe, fils de Marien, s. de Groslière (qui précède), céda le fief de la Combe, estimé 20,000 livres, à Marie de la Faye de la Porte, fille de Jean, écuyer, s. de Vieille-Chenine et de Jeanne d'Arfeuille (1705). Le château et le fief furent vendus, vers 1770, à Gilbert Molard, cardeur. (Pouillé de l'abbé Legros.)

La Faye (c. des Mars). Noble Louis Momet, s. de la Faye et de Prunevieille, élu en l'élection de Combraille, eut Louis, s. de la Faye, 1740. (V. *Prunevieille. Dictionn.)*

La Gorsse (c. de Basville, et paroisse de Saint-Alvard). Fief. Hameau détruit. Pierre Roger, bourgeois d'Herment, était seig. de la Gorsse, comprenant étang, moulin, en 1333. Pierre de Courteix le possédait en 1350 ; il avait épousé une Roger. Ce fief devait foi-hommage au chapitre d'Herment, en 1350.

Lagorsse (c. de Merinchal). Village détruit.

La Groslière (c. de Sermur). Fief. En 1660-1680, Marien de Montrognon était s. de Groslière, fils de Jean, s. du Mas et de Françoise de Laval.

La Mane (c. du Compas). Fief. Gilbert de Saunade, s. de la Mane, né en 1610. Son descendant, Jean-François de Durat, seig. de Vauchaussade, maréchal de camp, mort en 1830, fut le dernier seig. de la Mane, en 1789. (V. *Vauchaussade. Dictionn.*)

La Mazière-aux-Bons-Hommes. Chef-l. de commune. 204 habit., en 1720. Altit. du Puy du Chalard : 795 mètres ; Puy du Lascaux, 792 mèt. Le qualificatif de *aux Bons-Hommes*, donné à ce lieu, vient de ce que, anciennement, les moines de Grandmont habitant le château voisin de Cherbaudy (V. ce mot), étaient appelés les *Bons-Hommes*. Ils vivaient d'aumônes. — La *Mazière-aux-Bons-Hommes*, 1533 (Terr. de Saint-Bard); *cura Mazerie bonorum Hominum*, 1535; *La Mazière-aux-Bons-Hommes*, 1675. la cure était à la présentation du commandeur du lieu. Patron : Saint-Jean. Michel Gilbert, curé, 1713. *La Commanderie.* Annexe de celle de Tortebesse (Puy-de-Dôme). [Voir *Courleix. Dictionn.*], qui avait ici une église paroissiale, 3 étangs, une métairie, en justice haute, moyenne et basse, et des cens et rentes. Le produit de cette commanderie était de 660 livres en 1745. (*L'ordre de Malte en Limousin*, par A. Vayssière, p. 143). Liste des commandeurs : Amblard de l'Horme, 1247; Guillaume de Saint-Didier, 1253; Hugues de Chaslus, 1283; Ponce de Faye, 1293-1308; Robert Bertrand, 1306-1311; Raynald de Laschamps, 1321-1325; Robert de Chaslus, 1344-1349; Jean d'Entremont, 1365-1371; Pierre Merle, 1403; Jean de Vauzé ou de Veauce, 1409-1445; Jacques de Milly, qui devint grand-maître de l'ordre, 1445; Pierre de Bouillé du Charriol, 1447-1457; Beraud d'Andieu, 1470-1472; André Rolland, 1472-1530; Guy de Blanchefort, qui devint grand-maître, 1499; Gabriel du Chier, 1537-1543; Guillaume Coppier 1546-1555; Hugues de Villars de Blancfossé 1559; Guy de Thianges, dit du Crozet, 1570-1573; Jacques du Chauvigny de Blot, 1573-1594; Louis de Sauzet, dit d'Estignères, 1604-1612; Jean-Louis d'Estaing, 1612; Guillaume le Groing, 1612;

ARMAND-JEAN-LOUIS DE LA QUEUILLE
Commandeur de la Mazière-aux-Bons-Hommes, Courleix,
et Tortebesse, en 1788.

Philibert le Groing de Villebouche, 1616 ; Charles de Fassion de Sainte-Jay, 1627-1635 ; François-Foucaud de Beaupoil de Saint-Aulaire, 1642-1658 ; Raymond de Foudras de Coutanson, 1661-1680 ; Léon de Charry des Gouttes, 1681-1688 ; Garnaud, 1689 : Louis-Claude de Lestang, 1689-1713 ; Antoine de Pons, 1716-1729 ; Léonard d'Ussel, 1730-1739 ; Joseph de Fassion de Sainte-Jay, 1740-1747 ; Annet-Joseph de Beaumont-Brizon, 1748-1750 ; Ant.-Joseph de Laube, 1750-1758 ; Nicolas-Claude-Martin d'Autier, 1762 ; Claude-Marie de Sainte-Colombe de Laubépin, 1764-1770 ; Charles-Abel de Loras, 1771-1780 ; du Peyroux, 1784 ; Armand-Jean-Louis de la Queuille, 1788 (frère du marquis de la Queuille de Châteaugay, député de la noblesse d'Auvergne aux Etats généraux, 1789).

La Mazière (c. de Basville). Louis Fillias, s. de Chaludet, la Mazière, en 1633.

La Mazière (c. de Rougnat). Hélion de la Roche-Aymon, s. de la Mazière, en 1470.

La Prugne (c. de Basville). Hameau détruit. Fief possédé, en 1350, par Hugues et Guillaume Roger, bourgeois d'Herment. Ce fief devait la foi-hommage au chapitre d'Herment.

La Queuille. *La Cuylha, 1322 ; La Cueilla, 1391.* Village détruit de la commune de Saint-Aignant. Fief. Robert d'Ussel, co-seigneur d'Eygurande en 1287, épousa Marguerite de Lachamps, qui possédait la Queuille, en 1322, père de Guilleton, s. de la Queuille, en 1363. Guilheton d'Ussel, s. de la Queuille, cousin éloigné du précéd., vivait en 1402 ; il eut Antoine, s. de la Queuille, 1440 ; père de Jean, s. de la Queuille, et celui-ci père d'Antoine, qui vendit la Queuille, vers 1533.

Larfeux (c. de Saint-Bard). *Larpheul, 1533.* Cassini, dans sa carte, de 1744, y indique une petite chapelle qui, en effet, n'a été démolie qu'en 1887.

La Ribière (c. de Bussière-Nouvelle). Fief. Jeanne Marlin, veuve de Blaise de Vauchaussade, s. de la Ribière, la Chaud, en 1679.

La Saudade (c. de Mérinchal). Fief. C'était une dépendance de la terre de Vieuxvoisin, à M. de Bosredont, en 1789. — Marien Sapin, chirurgien, habitait la Saudade, en 1673.

Lascaux-Faucher (c. de la Mazière-aux-Bons-Hommes). En 1757, le commandeur de Tortebesse et de la Mazière [V. *La Mazière-aux-Bons-Hommes*] avait un fermier à Lascaux-Faucher.

Laschamps. (c. de Chard). Fief. Louis Dumont, s. de Laschamps, marié à Gilberte de Lavaud, dont le fils, s. de Laschamps épousa, en 1659, Gilberte de Vauchaussade ; leur descendant, François Dumont, s. de Laschamps, épousa, en 1785, Anne Sapin de Truffy, et le fils aîné de ceux-ci est mort au château de Chard vers 1861.

Laudeux-Couturier et **Laudeux-Piatou** (c. de Basville). Gabriel Aubet, écuyer, s. du Ronzet et des deux Laudeux, 1477 ; Guiot Aubet, son fils, s. des deux Laudeux, 1503 ; Antoine de la Roche du Ronzet, s. des deux Laudeux [petit neveu dudit Guiot Aubet], 1555. L'abbaye des Bernardines de Léclache, en Auvergne, avait, sur les 2 villages, des droits féodaux, 1477-1667. Le prieuré de Basville, avait sur eux quelques droits, 1739. Guiot Aubet, s. des Laudeux et du Ronzet, 1503.

Lavaud (c. de Sermur). Château (xviiie siècle). Fief. *Laval*, *1381*. Marguerite de Laval, fille de Claude, écuyer, s. de Laval, épousa, en 1381, Philippe du Kair, dit de Vauchaussade. Annet d'Audebrand, écuyer, s. de Lavaud, 1700. Jean d'Audebrand des Farges, s. de Lavaud, habitait le château de Lavaud, en 1770 [Pouillé de l'abbé Legros]. Les d'Audebrand, étaient d'une ancienne maison noble d'Auvergne et portaient : *d'azur, à 2 fasces d'or, accomp. en chef de 3 besants d'argent*. Jean-Louis de Chaussecourte, s. de Lavaud, officier au régiment de Villars, épousa, en 1785, Françoise de Vauchaussade.

Lavaud-Blanche (c. du Compas). Château moderne (existant). Fief. Ce lieu s'appelait *Pasquanet* en 1444 ; il prit le nom de *Lavaud* (celui de ses possesseurs) ; plus tard, on y ajouta le qualificatif de *Blanche* : Seigneurs : En 1444, Jean Margenge, d'Evaux, vendit des cens et rentes à Durand de Laval *(de Vule)*, riche bourgeois d'Auzances. Celui-ci, eut Antoine de Laval, dit Pasquanet, s. de Pasquanet, 1479-1488 ; père de Gilbert, s. de Laval-Pasquanet, 1535, marié à Marguerite de Quereaulx, dont : Nicolas, s. de Laval-Pasquanet, marié, en 1539, à Antonia de Ferrachat, dont : Jean, s. de Laval-Pasquanet, marié, en 1571, à Jacquette Prévost, dont : Michel de Lavaud, s. de Lavaud, marié, en 1603, à Jeanne Momet, dont :

Blaise, dit Pasquanet, s. de Lavaud-Blanche, mort en 1669 ; marié à Marguerite du Cloux, dont : Denis I, Pasquanet de Lavaud, écuyer, lieuten. de cavalerie, mort en 1728 ; marié, en 1703, à Silvie de Fromenton, dont : Michel-Gaspard, baron de Pierrebrune, s. de Lavaud-Blanche, lieuten. de cavalerie, chev. de Saint-Louis, marié, en 1727, à Gilberte Momet, dont : Denis II, baron de Pierrebrune, s. de Lavaud-Blanche, chevalier de Saint-Louis, capitaine de cavalerie, marié, en 1764, à Elisabeth Besse du Mas, dont : J.-Baptiste, baron de Pierrebrune, né en 1766, mort en 1854, chevalier, de Saint-Louis, de la L.-d'honneur, lieut.-colonel, arrêté en 1791, par le comité d'Auzances ; marié, en 1813, à Eugénie Bittard du Cluzeau, dont :

PASQUANET DE PIERREBRUNE

1o Edouard [vivant à Lavaud-Blanche] ; 2o Charles, décédé, marié à Mlle de Saint-Quintin, dont : une fille et 3o 3 filles [2 décédées]. Armes : *d'or, au lion grimpant de sable, lampassé armé, couronné de gueules, accomp. en chef, à dextre, d'une étoile d'azur et en pointe, d'un croissant de gueules.* [V. généalogie de cette famille dans *l'Hist. de la maison de Bosredon*, par A. Tardieu, 1863, p. 268].

Lavaudemergne (c. de Basville). Souterrain encore inexploré.

Lavaud-Gouyard (c. de Saint-Pradoux). Fief. Guillaume de Salvert, s. de Lavaud-Gouyard, Neuville, épousa une de Gratin, en 1660. Jean Pellissier. s. de Lavaud-Gouyard, la Besse, 1684, épousa Jeanne Maître, dont : Antoine Pellissier, s. de Lavaud-Gouyard, en 1701-1712 ; il épousa Françoise de Villard. Claude Pellissier, s. de la Lavaud-Gouyard, Le Chassaing, mort en 1762, épousa Gilberte Le Noble ; ils vivaient en 1746. Ce village devait des droits féodaux au prieuré de Basville (1739).

Lavaud-Pellière (c. du Compas.) Fief possédé par Denis de Lavaud, écuyer, s. de Lavaud-Blanche et, pour lequel il rendit foi-hommage au duc d'Orléans, s. d'Auzances, en 1699. Il fut lieutenant au régim. de Ligondès, 1701. Son fils, M.-Gaspard-François, baron de Pierrebrune, fut aussi s. de Lavaud-Pellière, terre pour laquelle il rendit foi-hommage au duc d'Orléans, s. d'Auzances, en 1773.

Lavaud-Promis (c. de la Celle-Barmontoise). Petit château féo-

MARLIN

dal, avec un donjon carré et machicoulis. *Lavault-Premy* (1580). Bertrand de Ruben, écuyer, s de Lavaud-Promis, épousa Françoise de Vauchaussade. Il laissa : 1° François, écuyer, s. de Lavaud-Promis, 1580-1601 ; marié, à Louise Chaussard, dame du Buisson, morte sans enfants ; 2° Antoine, écuyer, s. de Lavaud-Promis, marié, en 1579, à Gilberte, de Chaussecourte, dont : Lionnet et Gilbert, 1611. Sébastien de Ruben, capitaine de Crocq (1616-1632), écuyer, s. de Lavaud-Promis, capit. d'un régiment. Il avait une sœur Anne, dame de Lavaud-P., mariée à Emond de Guillaumanches, s. de Chicheix, et un frère, Louis de Ruben, s. de Lavaud-Promis, fils de N. et de Marguerite de Villard. Ce dernier testa en 1677, ses héritiers furent (1679), les frères Marlin [Voir page 105], parmi lesquels François, qui devint s. de Lavaud-Promis en 1679 [Voir la descendance, p. 105]. Ce fief est resté à la famille Marlin, jusqu'en 1789.

La Vedrine (c. de Dontreix). Fief, qui appartenait, vers 1510, à Pierre de la Rochebriant, s. de Chauvance.

La Vernède (c. du Mérinchal). Fief. Antoine du Plantadis, écuyer, s. de la Vernède, épousa, en 1623, Gilberte de la Souche ; il eut Claude Gilbert, s. de la Vernède, né en 1629, à Mérinchal, marié, en 1652, à Jeanne Guillouet, dont : Jean-Charles, s. de la Vernède, né en 1663, à Mérinchal, mort sans enfants. Magdeleine du Bois, s. de la Vernède, 1719, de la famille du Bois, de Saint-Etienne. Jean-François de Bosredont, marquis de Tix, s. de Saint-Avit, la Vernède, la Celle, Leyraud, né en 1751, mort en 1793, épousa, en 1762, J.-Marie de Revanger de Bompré. — Dans la maison, habitée jadis par le curé Delaporte, boiserie du XVIIe siècle.

La Vilatte (c. de Basville). Fief. Annet Magnat, s. de la Vilatte, 1628.

La Villedière (c. de la Celle-Barmontoise). Fief, à Michel Marlin, ancien garde du corps (1789), s. de la Villedière.

La Villeneuve. Chef.-l. de commune, 325 habit. Brigade de gendarmerie. Faisait, autrefois, partie de la commune de Basville, et toujours du franc-alleu. *La Villeneuve, 1533,* [terr. de Saint-Bard].

Dans l'église, belles boiseries. Vestiges d'une tour dans le village, bâtie par le sieur Bouchon, autorisé pour action de guerre. Près de l'ancien étang du Chatelard, monnaies romaines, débris d'armes, urnes cinéraires. A Pierre-Levée, près du Calvaire, dolmen en partie détruit. Dans le bois du Duvet, autel druidique. — Le marquis de Saint-Julien de la Rochette, s. de la Villeneuve, en 1720.

CHATEAU DE LAVAUD-PROMIS

La Villette [*La Vialette*] (c. de Saint-Aignant). Fief. Annet Pellissier, s. de la Vialette, époux de Cath. Besse, 1630. Jean de Vedrine, écuyer, s. de Vilette, 1661-1673.

La Villetelle, chef-l. de commune. 666 habit. En 1720, 218 habit. — Carrière, non-ouverte, de porphire [rouge de brique]. — En 1619, Renaud II de la Roche-Aymon, était s. de ce lieu. En 1625,

Etienne Lemoine possédait ce fief et celui de la Chassaigne. Marie-Jeanne de Chaslus, veuve, d'Yves-Louis de Sarrazin, chevalier, s. de Gioux, Ronteix, la Viletelle, 1746.

Lazareix (c. de Mérinchal). Domaine qui, en 1789, appartenait à Jacques du Bois, de la famille des du B. de Saint-Etienne et de Margeride. En 1750, la propriété de François du Bois, s. de Saint-Etienne

VUE DE LA VILLENEUVE

Léclauze, etc. — Ce nom de Lazareix doit rappeller une *maladrerie* du XIIIᵉ siècle, pour les lépreux.

Le Beaudeix (c. de Merinchal). *Le Boudet, 1470. Le Baudeix, 1744.* Jean du Boudet, fils de feu Peyronet, vendit, à Jean et Claude de Villelume, frères, seig. de Villelume et de Barmontet, les 2/5 de la dîme du Boudet, pour 30 livres (12 avril 1470).

5*

Le Boucix (c. de Rougnat). Fief acquis des héritiers de Gilberte Guinevaud, par Michel de Lavaud, seig. de Lavaud-Blanche, mort en 1619. Son fils François, mort en 1664, marié, en 1645, à Antoinette Monteil, fut s. du Boueix et de la Chaud-Marmessan.

Le Chalard (c. de la Mazière-aux-Bons-Hommes). Fief. Joseph Majoux, s. du Chalard, député de la paroisse de la Mazière-aux-B.-H , refusa, en 1789, de signer les cahiers du Tiers-Etat.

Le Chassaing (c. du Compas). Fief. Durand de Montgrut, s. du Chassaing, Montgrut, homme d'armes de la compagnie du comte d'Angoulême, épousa, en 1532, Jacquette des Escaux, dont Pierre, s. du Chassaing, homme d'armes du comte d'Angoulême, marié, en 1581, à Anne Chèze, dont François, écuyer, s. du Chassaing, de Ségondat, qui servit dans les chevau-légers, épousa, en 1625 : 1o Anne Pignonneau ; 2o Françoise d'Allemaigne ; du 2e lit : Antoine, s. du Chassaing, les Vergnes, Ségondat, marié, en 1685, à Marie d'Arfeuille, dont François, s. du Chassaing, Ségondat, les Vergnes, chanoine, archidiacre de Montauban, 1751, prieur de Sermur. (V. *Montgrut, Dictionn.*)

Le Cheix (c. de Rougnat). Fief. Guillaume de Vauchaussade, s. du Cheix, épousa Anne du Doux, dont un fils, marié, à M. de Chaumes de Relibert, et un autre seig. de Rougnat, mort en 1722 ; un troisième, mort en 1701.

Le Chèz (c. de Basville). *Le Chier, 1713* ; Jean de Lestrange, chevalier, s. du Leyrit, le Chier, 1713.

Le Chier (c. de Flayat). Antoine Lenoble, bourgeois de Flayat, acheta, en 1781, à Annet de Ségonzat, chevalier, une dîme sur ce village. Cette famille Lenoble, ancienne à Flayat, avait, en 1740-1789, le fief de Boisquéraux.

L'Ecluse. Château féodal, détruit. Fief. Gaspard Le Loup, chevalier, s. de l'Ecluse, Préchonnet, Montfan, etc., 1611. Annet de Ségonzat, résidant au château de Ségonzat, paroisse de Malleret (Creuse), frère de Gaspard, chevalier de Malte, commandeur du Puy-de-Noix (1644), était s. de l'Ecluse, 1642-1665. Gilbert de Ségonzat, s. de l'Ecluse, 1668. Annet de Ségonzat, chevalier, s. de l'Ecluse, Méouze, Boulareix, 1767-1781, résidant au château de Méouze. Léonard de Ségonzat attira dans un guet-apens, à Méouze, Antoine d'Ussel, seig. de Châteauvert et l'assassina. Il fut condamné, par le sénéchal d'Auvergne, à être rompu vif, en effigie, sur la place des Taules, à Riom. Des lettres du roi lui firent remise de sa peine, en 1670. L'Ecluse est situé commune de Flayat.

Le Compas. Chef-l. de commune, 852 habit., 64 feux, en 1357, 600 mèt. d'altit. *Capella de Compacio,* xive s. (Pouillé); *Compas,*

CHATEAU DU LEYRIT (v. p. 140).

1357; paroisse dou Compas, 1496, 1501 (Terr. d'Evaux.) Fête : S. Martin de Tours. Cure à la collation de l'évêque de Limoges, en 1639, 1663, 1664, 1674, 1675, 1689, 1690, 1700, 1727, 1738, 1746, 1777. — Gilbert Pannetier, prieur-curé du Compas et de Saint-Médard, en 1664; Michel de Vauchaussade, prieur-curé du Compas, 1699. Eglise du xviie siècle, réparée récemment. Pierre de l'Etang avait le 1/4 de la dîme du Compas, en 1283. (Généalog. de la Roche-Aymon.)

Guillaume de Vauchaussade, écuyer, s. du Compas, en 1552, époux de Louise de Guillaumanches. Blaise de Vauchaussade, écuyer, s. du Compas, en 1593. Joseph de Vauchaussade, écuyer, s. du Compas, 1727, marié à Marie-Silvie de Chaussecourte, morte en 1761. Jean-François de Vauchaussade, s. du Compas, en 1770. Ancienne croix, dans ce bourg, portant les armes des de Vauchaussade (*un croissant, une étoile*).

Le Couyaux (c. du Compas). *Le Couyoux, 1598 ; Queulloua*, *1677*. Fief. Michel Denis, notaire royal à Auzances, s. du Couyaux, Louis Momet, écuyer, s. de Queullou, en 1677.

Le Fressinet (c. de Saint-Oradoux). *Frayssinet,* 1357. Jehan de Villeneuve, s. de Frayssinet, 1357, épousa Ahelips Symon, fille de Pierre, bourgeois d'Herment. Il eut Isabeau, dame de Frayssinet, veuve de Jehan du Chier (d'Ochier); elle testa en 1431. François Marlin, s. du Fressinet (1670-1684). — (V. page 105 et 106).

Le Geoffreix (c. de Mérinchal). Fief à M. du Bourg de Saint-Polgues, s. de Barmont (1789).

Le Lac (c. de Mérinchal). *Le Luc, 1750*. Fief. A la branche de Bosredont de Vieuxvoisin, jusqu'en 1789.

DE LESTRANGE

Le Leyrit, (c. de Basville). Château du XVIIᵉ siècle [conservé]. Fief. Jean de Sarrazin des Ymbauds, rendit foi-hommage au duc de Bourbon, s. d'Herment, pour le fief de *Layriez*. Il fut tué à la bataille de Poitiers en 1356. La maison du Plantadis a possédé longtemps cette terre. [V. *Plantadis*. *Dictionn.*] Gabriel du Plantadis, écuyer, s du Leyrit, le Bost, élu en l'élection de la Marche, père de Loys, écuyer, s. du Leyrit et de la Mothe-Mérinchal, marié, en 1556, à Anne de la Rochebriant dont : Gabriel, écuyer, s. de Leyrit, marié en 1597, à Jacqueline de Langeac, dont : A.

Claude, s. du Leyrit, Saint-Alvard, marié : 1º à Cath. Motier de la Fayette ; 2º à Jeanne de Veyny d'Arbouse. Il mourut sans enfants ; B. Gilberte, dame du Leyrit, mariée : 1º en 1616, à Joseph de Fricon, écuyer, s. de Sanne ; 2º en 1641, à Guy de Lestrange, chevalier, s. des Hauteix et la Bussière, d'une illustre et noble maison du Limousin, dont la branche aînée existe encore en Saintonge et porte le titre de marquis. Armes : *de gueules, à 2 lions d'or en pointe adossés, surmontés d'un lion léopardé d'argent.* Guy de Lestrange et Jacqueline du Plantadis, laissèrent : Louis, s. du Leyrit, marié, en 1641, à Françoise de Fricon, dont : Jean, s. du Leyrit, le Chier, les Chaumettes, mort en 1724 ; marié, en 1662, à Catherine du Fayet, dont : Louis, s. du Leyrit, capitaine de cavalerie, marié, en 1719, à Marguerite-Aymée de Cordebœuf - de Beauverger - Montgon , fille de Louis, s. de Matroux. [V. le mot *Matroux*

DE COURTILHE

du *Dictionn.*), dont : Henri, marquis de Lestrange, s du Leyrit, Matroux, Peyrudette, marié, en 1752, à Gabrielle-Antoinette de Ligondès, qui, étant veuve, vendit le Leyrit, 33,000 livres, le 23 mars 1773, à Gaspard de Courtilhe, baron de Giat, s. de Feydet. La maison de Courtilhe, connue dès 1270, porte pour armes : *d'arg. au chevr. de gueules, accomp. de 9 merlettes de sable, 4, 2, 1, 2.* Représentant actuel : le marquis de Courtilhe de Saint-Avit, capitaine de frégate, au château de la Voreille (Creuse). Gaspard de Courtilhe, revendit le Leyrit en novembre 1788, à M. de Chamerlat des Guérins, chevalier de Saint-Louis, gendarme de la garde du roi (1), marié, à Mᴵˡᵉ Auboux de Steveny des Vergnes, dont : Catherine-Delphine, mariée au marquis François de Ligondès, père

DE LIGONDÈS

(1) Il fut arrêté en 1793, dénoncé par le maire de Basville, comm e cachant chez lui des prêtres réfractaires et conservant un terrier. Le 12 brumaire an II, le Directoire de Felletin, le fit mettre en état d'arrestation pour ces faits,

du marquis Jean-Louis-Stanislas, mort en 1849, marié à Louise de Bonafos de Bellinay, dont : le comte Henri de Ligondès, né en 1845, propriétaire actuel du château du Leyrit, marié, à Mlle Dioné de Saint-Horent, dont postérité. [Pour la maison de Ligondès. V. p. 90 et 118].

Le Mas (c. de Flayat). Annet-Gilbert de Ségonzat, écuyer, s. du Mas.

Le Monard (c. de Flayat). Lieu détruit, où étaient, dit la tradition, des moines et ajoute-t-elle, près de là, des religieuses.

Le Monneix (c. de Saint-Oradoux). Fief. François du Monneix, écuyer, s. du Monneix (1664), épousa Magdeleine de Vau haussade. Léonard-Victor Chermartin, s. des Bussières, le Monneix en 1781.

Le Mont (c. de Saint-Oradoux). Château. Fief. Michel Pellissier, s. du Mont [1659-1696], épousa Marie du Mont. Il était fils de François, s. de Bingeleix. Jean Pellissier, écuyer, s. du Mont, 1773. Sa postérité a possédé le fief du Mont jusqu'en 1789. [V. page 106]. Le Mont était compris dans la franchise de Crocq. [V. page 98].

Le Monteil-Guillaume. Jadis chef-l. de commune, réunie à celui de Crocq, le 6 mai 1836. Traces d'une voie romaine, [appelée *chemin romain*]. Découverte d'une urne et d'un vase en terre samienne, avec un clou de fer et des ossements humains. *La commanderie.* C'était une annexe de celle de Saint-Anne (Haute-Vienne). [V. *Nabeyron. Dictionn.*]. L'Ordre de Malte avait ici, une église paroissiale, sous le vocable de Saint-Jean. On y voyait un reliquaire de cuivre émaillé (1616). Le curé recevait 10 setiers de seigle (1616). Il réclamait 6 livres en qualité de chapelain du château, ce qui lui fut refusé, cette chapelle étant en ruines (1616). [V. *l'Ordre de Malte en Limousin*, par A. Vayssière, p. 92]. — En 1517, noble Jean Guérin, était seig. en partie de ce lieu. En 1741, le rôle de la collecte s'élevait à 509 livres 1 sou.

Le Montel-au-Temple (c. de Lioux-lès-Monges). *Saint-Jean-du-Temple, 1535. Le Monteil au Temple, 1745.* Cure. Fête : Saint-Jean-Baptiste. *La commanderie.* A l'origine c'était une dépendance des Templiers dont l'Ordre fut supprimé, en 1312, et ses biens, comme on sait, passèrent aux chevaliers de Saint-Jean de Jérusalem ; cette commanderie devint une annexe de celle de Saint-Romain-en-Gal

(Rhône), qui était à l'Ordre de Malte, ce qui dura jusqu'en 1789.
[V. *Brousse*, *Dictionn.*, où l'on trouvera la liste des commandeurs.].

Le Montely (c. de Saint-Oradoux). *Le Monteillet, 1642.* Fief :
Claude Pellissier, s. du Monteillet en 1642 ; François Pellissier, s.
du Monteillet, en 1645. Annet Chermertin, s. du Montely, 1740.

Lépinas (c. de Saint-Aignant). Fief, aux de Chaussecourte, en
1617. Antoine de Chaussecourte, s. de Lépinas (1609), épousa Anne de
la Roche-Aymon ; de lui descend, René de C , chevalier, s. de Lépinas, père de Léon, s. de Lépinas, marié à Jeanne Doumy ; il eut Godefroy, comte de Lépinas, mort en 1709, marié, à Marie-Geneviève
Tronchet de Vayres.

L'Epinassole (c. de Flayat). *Lespinassole, 1527.* Village qui,
en 1527, devait la dîme à la famille d'Ussel.

Lérault (c. de Mérinchal). *Layral, 1357 ; Leyraux, 1690 ; Lay-
raud, 1711 ; Leyral, 1760.* Prieuré : sous le titre de Sainte-Agnès,
dans l'archiprêtré d'Herment ; nominateur, le prévôt de l'abbaye de
Chambon. — En 1357, il y avait une église paroissiale. (Il n'y en a
plus ; mais on en voit les vestiges.) Fief. Annet de Ségonzat, écuyer,
s. de Leyraux, le Gombeix, épousa, en 1699, Antoinette du Bois de
Saint-Etienne. Marguerite de Ségonzat, dame de Leyraud, 1711, épousa
Jean-François de Cordeboeuf de Beauverger de Montgon. Jean-
François de Bosredont, marquis de Saint-Avit, s. de Tix, la Vernède,
Leyraux (1789).

Le Rondet (c. de Basville). Village détruit.

Le Tell (c. du Compas). *Le Theil, 1603.* Eglise nouvellement édifiée. Jean de Saint-Julien, écuyer, s. de la Chazote, y avait, en 1603,
des droits féodaux.

Le Teilloux (c. de Crocq). Fief. Michel Marlin, bailli de Crocq,
s. du Teilloux, en 1594, dont : Jean, s. du Teilloux, père d'Annet, et
celui-ci d'Annet, s du Teilloux, en 1677. [V. page 105].

Le Theil (c. de Saint-Aignant). Château féodal bien conservé,
remontant au xvᵉ siècle, et probablement l'oeuvre d'un de Bonneval.
Il a été agrandi somptueusement et restauré par Mᵐᵉ Peyronnet,
propriétaire actuel. *Les Seigneurs :* Gabriel de Bonneval, s. du
Theil et de Rochebrune, fonda, en 1482, la chapelle de Sainte-Anne,

dans la cour du château du Theil. Il fut marié à Jeanne Morin et n'en eut pas d'enfants. Il eut pour héritier, son neveu, Antoine de Bonneval, qui fut s. du Theil, de Bonneval, de Blanchefort; chambellan de Louis XI, Charles VIII, Louis XII, gouverneur et sénéchal du Limousin [1499], et mourut au château de Bonneval, en 1505. Antoine avait épousé Marguerite de Foix, de l'illustre maison de ce nom, fille de Mathieu, comte de Comminges, dont : Jean, s du Theil [1547], appelé [1531], le capitaine de Bonneval. Cette maison de Bonneval [armes : *d'azur, au lion d'or, grimpant*], est l'une des plus considérables du Limousin où elle existe encore avec le titre de marquis. Claude-François de la Tour des Bains [d'une famille noble du Gévaudan : *d'or, à la tour de gueules*], vendit la terre du Theil à Antoine de Villelume, s. de Barmontet. Celui-ci, qui fut baron du Theil, s. de Châteaubrun, prit possession de cette terre en 1660. Il résidait au Theil, en 1673, et laissa, de Catherine de Chaslus, sa femme, Charles, baron du Theil, s. de Châteaubrun, Barmontet [1670] ; marié, à Marie de Monestay, dont : Maximilien, baron du Theil, s. de Barmontet, [1692]. Antoine de Boutiniergues. [Voir *Boutiniergues*, du *Dictionn.*], acheta le Theil, vers 1693. Il fut conseiller honoraire au présidial de Guéret et fit enregistrer ses armes, en 1696, dans l'armorial général : *d'azur, à un lion passant d'or*. Il vivait encore en 1706, épousa Gabrielle Robichon, dont : Léonard, s. du Theil, conseiller honoraire, au présidial de Guéret, mort au château du Theil, en janvier, 1751, père de Marie, dame du Theil, mariée vers 1750, à Louise-Amable de la Rochebriant, baron de Cléravaux, s. de Lavaud-Bonneuil, lieut. des maréchaux de France, né en 1703, dont une fille : Marie-Rose, marié, en 1758, au comte Nicolas-Claude-Martin d'Autier, substitué, par ce mariage, aux noms et armes de la Rochebriant. La maison de la Rochebriant, antique noblesse de chevalerie, remonte au xiiie siècle. Armes : *écartelé, d'or et d'azur*. Saint-

DE BONNEVAL

D'AUTIER

Amable, curé de Riom, mort, en 475, était de la maison de Chauvance, fondue dans celle de la Rochebriant. La maison d'Autier, l'une des plus considérables de l'Auvergne, commence sa filiation à 1075, et compte des chevaliers croisés, des officiers de toutes armes, des chevaliers de Malte, des gouverneurs de villes [Clermont, Compiègne, Boussac]. Originaire de la terre de Villemontée, près de Pontgibaud, en Auvergne, dont elle prit le nom, elle s'est fixée au château de Barmontet, en 1710, lors du mariage de Jean d'Autier,

CHATEAU DU THEIL

avec Marie-Pétronille de Villelume, dame de Barmontet. Armes : *d'azur, au chef denché d'or, chargé d'un lion passant de sable, lampassé, armé de gueules.* Antoine-Amable, comte d'Autier, marquis de la Rochebriant, petit-fils du comte Nicolas-Claude-Martin [ci-dessus], a vendu le Theil, le 19 décembre 1838, à Gilbert-Arnaud de Cherbouquet [V. *Cherbouquet, Dictionn.*], dont la fille unique, mariée à Laurent-Joseph Peyronnet, docteur en médecine, a fait réparer le Theil avec beaucoup de goût. Mme Peyronnet n'a

qu'une fille Blanche, mariée, au vicomte Édouard de Cressac de Bachelerie [résidence : château de Châteaubrun, Puy-de-Dôme]. — La famille *Peyronnet*, représente l'une des plus vieilles bourgeoisies des montagnes d'Auvergne. Elle a possédé les terres de Trachèze, de la Ribière, de la Chaumette, du Puy-Vidal, du Ronzet, de Saunnazeix, etc. Berceau : Voingt [Puy-de-Dôme]. Elle compte plusieurs branches : 1° aînée, représentée par Mme la vicomtesse de Cressac ; 2° cadette, à Herment, représentée par Mme Charles Tardieu et ses cousins ; 3° branche, M. Peyronnet, au château du Moulin-Neuf, près de Maringues [Puy-de-Dôme]. Armes des Peyronnet : *d'azur, au chevron d'argent, surmonté d'une molette d'éperon de même.* — La famille de *Cressac* [ou de *Creissac*], de vieille noblesse, est connue en Périgord, dès 1273. Vicomtes de Bachelerie, barons de Saint-Angel, etc. Armes : *d'or, au monde de gueules, cintré et croisé d'or, la croix patiée de gueules soutenue d'une fleur de lys de même.* Il existe diverses branches existantes de cette famille. — Chapelle de Sainte-Anne. Erigée dans la cour du château du Theil, sous forme de vicairie, par Gabriel de Bonneval, s. du Theil et de Rochebonne, le 4 janvier 1482. Elle avait pour collateur, en 1681, l'évêque de Limoges et plus tard, le seigneur du Theil.

PEYRONNET

DE CRESSAC

Les Bussières (c. de Saint-Oradoux). Fief. Michel Chermartin, s. des Bussières, avocat en Parlement, 1726-1729, Antoine, son fils, 1753. Celui-ci, eut Léonard-Victor, s. des Bussières, bailli de Crocq, en 1787. (V. page 103.)

Les Chassaignes (c. de Saint-Oradoux). Fief. Il a longtemps appartenu à la noble maison *de Panneveyre* ou *de Pannevère*, qui porte : *d'azur, à la bande d'or.* François de Pannevère,

CHERMARTIN

écuyer, s. des Chassaignes, de la Rochette, épousa, en 1575, Amable de la Roque. Il mourut, en 1585, et laissa : Guillaume, s. des Chassaignes, de la Rochette, marié, en 1602, à Claudia du Peyroux, il servit dans un régiment, mourut en 1663, et laissa : 1° Gilbert, auteur d'une branche existante ; 2° Jean, écuyer, s. des Chassaignes, de Saint-Maurice, capitaine de Crocq, qui servit dans un régiment, épousa, en 1642, Gabrielle de Combes, dont : Gabriel, écuyer, s. des Chassaigens, marié, en 1681, à Marguerite des Las ; il eut : Julien, s. des Chassaignes, mort en 1779, marié à Françoise Vialle, dont : Gilbert, écuyer, s. des Chassaignes et de Beaucouvert, mort le 14 août 1773, capitaine d'infanterie, chevalier de Saint-Louis. Il eut : Jean-Louis, chevalier, seig. des Chassaignes, marié à Françoise Auboux de Stéveny des Vergnes, dont : une fille, Mlle de Pannevère, chanoinesse-comtesse de Bavière, auteur de plusieurs romans estimés, morte il y a quelques années. [V. *Généalogie* de Pannevère, dans l'*Hist. gén. de la maison de Bosredon,* par A. Tardieu, 1863, in-4°].

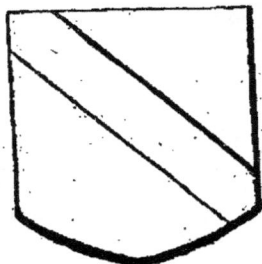

DE PANNEVÈRE

Les Chaumes (c. de Brousse). *La Chaume, 1697*. Fief. François Jonasse, s. de la Chaume [1697]. Il descendait de Joseph Jonasse, époux de Marguerite de Vauchaussade, vivant en 1615.

Les Chaumettes (c. de Basville). Fief. Jean du Fayet, seig des Chaumettes, le Chier, en 1641. Sa fille, Catherine, dame des Chaumettes, épousa, en 1662, Jean de Lestrange, s. du Leyrit, mort en 1724. J.-B. Cornudet, était seig. des Chaumettes, en 1789. [V. page 104].

Les Chaussades (c. de Saint-Aignant). Fief, en 1594, à Michel Marlin, bailli de Crocq. François Marlin, s. des Chaussades [1679]. Anne Brandon, sa femme. Ledit François, fut capitaine du régiment de Piémont. (V. p. 106.)

Les Chaussades (c'est le fief qui précède). Léonard de Ségonzat, écuyer, s. des Chaussades, fut condamné par la sénéchaussée d'Auvergne, en 1670, à être rompu vif, en effigie, sur la place des Taules, à Riom, pour avoir tué, à Méouse, Antoine d'Ussel, à la suite de provocation à main armée, et avoir ravagé le pays en compagnie de 400 hommes, qu'il avait soulevés. Sa peine lui fut remise par lettres du roi.

Les Écures (c. de Saint-Georges-Nigremont). *Las Escuras, 1354.* Guillien de Rocheservières, s. des Escures et de la Rochette, en 1354, rendit foi-hommage au seigneur de Crocq.

Les Écurettes (c. de Saint-Georges-Nigremont). Fief. Louis de Saint-Julien, s. [des Escurettes, épousa, Blanche de Chaslus, en 1534. Il y avait une chapelle domestique dans le château des Escurettes, en 1771. M. Auboux de Stéveny, seig. de Saint-Maurice, vendit ce fief, vers 1760, au sieur Jeaucour, marchand à Aubusson. [Pouillé de l'abbé Legros].

Les Farges (c. de Saint-Pardoux d'Arnet). Fief, qui appartenait, en 1631, à François de Salvert, marié à Françoise de Noizat, dame de Noizat ; en 1653, à Claude de Ruben ; en 1789, à J.-B. Cornudet, notaire royal à Crocq, lequel l'avait acquis, vers 1770, de Marc-Antoine d'Ussel, baron de Crocq.

Les Farges (c. de Basville). Fief. Pierre-J.-B. Fillias, s. de Chaludet, les Farges, épousa, M.-Anne Prugnet, dont : Barthélmy, s. de Chaludet, Pompignat, les Farges, marié, en 1763, à F.-Anne de Barthomivat de la Besse.

Les Héraux (c. de Saint-Georges-Nigremont). Fief. Laurent de Larfeul, s. des Héraux, en 1771.

Les Jarasses (c. de Compas). Fief. Michel Meghon, s. de Marcillat, les Jarasses, en 1620 ; Jacques Momet, s. des Jarasses, maire perpétuel d'Auzances, 1706.

Les Mars. Chef-l. de commune. Gare de chemin de fer. En 1720, 455 habit. ; de nos jours, 621 ; 44 feux, en 1357. — *Mars* ou le *Mas, de Marcio, Marco. Parrochia deu Marre, 1229,* [ch. de Beaulieu] ; *capella de Marcio,* xive s. [Pouillé] ; *paroisse deu Mars, 1303, 1304,* [terr. d'Evaux] ; *Les Mars, 1328,* [cart. de la cure de Guéret] ; *au Mers, 1357 ; paroisse de Marts, 1679 ; du Mars, 1776 ; du Mas, 1764 ;* [rég de Chard]. — Cure : Décimes produisaient 30 livres. L'église était rebâtie à neuf, en 1527. Fête : Saint-Médard de Noyon.

Collateur de la cure : l'évêque de Limoges, 1515, 1516, 1628, 1641, 1660, 1696, 1746, 1762, 1766. Dans cette église, il y avait, avant 1789, une vicairie, dont était collateur, en 1470, noble François de Chaussecourte. — Le duc d'Orléans, s. d'Auzances, était s. des Mars en 1789. — En 1757, la collecte [taille], s'élevait, à 1,690 livres, pour 104 feux.

Les Mazet (c. de Mérinchal). Village détruit. [Au N. du bourg

CHATEAU DES MONNEYROUX

de Mérinchal]. C'était là, dit-on, qu'était bâtie l'église primitive de Mérinchal.

Les Monneyroux (c. de Dontreix). Château construit en 1656 ; rebâti en partie, par M. Bosclard. Fief. François de Douhet, s. des Monneyroux, la Fontète, les Ramades, Laurières, les Vergnes, la Gorce, possédait une grande fortune. Il épousa, en 1661, Catherine Dauphin des Auzolles, dont : Jean-François, écuyer, s.

de la Gorce, la Fontète, Villefavant, les Monneyroux, marié, en 1697, à Marie des Vergnes, dont : Pierre, écuyer, s. de la Fontète, la Gorce, Villefavant, les Monneyroux, marié, en 1726, à Marguerite de Bosredont de Saint-Avit. Il testa en 1740, léguant à son aîné, Jacques, par préciput, le château des Monneyroux et la forêt de Drouille. Celui-ci, garde du corps du roi, officier de l'hôtel des Invalides; épousa, en 1762, M.-Charlotte Marais de Beauchamp et fut le dernier seig. des Monneyroux. Ce château acquis, le 1er mars 1802, par M. Michel Méridias, est possédé par M. Bosclard-Méridias, son héritier.

Les Moulins (c. de Flayat). Château. Le comte Antoine de Saint-Julien, s. de Flayat, les Moulins, Hautefeuille, la Ramade, eut pour fille, Marguerite, qui épousa, en 1732, le marquis Guy d'Ussel. Le comte d'Ussel, son descendant, à Neuvic [Corrèze], possède, les Moulins.

Les Rionnoix (c. de Mérinchal). Village détruit.

Les Vénerolles (c. de Mérinchal). Village détruit.

Les Vergnes (c de Saint-Maurice). Château féodal et fief Le château est en partie démoli. Sur l'un des côtés, se trouve un escalier en pierre, de 12 mètres. Il reste aussi le portique, crénelé en 8 ou 10 endroits. L'ancien pont-levis a été remplacé par un pont de pierre. Un tableau peint sur toile, représentant le château complet, se trouve dans la maison construite sur les ruines. *Seigneurs* : Jean-Claude Auboux, écuyer, s. des Vergnes, de Bacqueville, 1621. Noble Gilbert Auboux, époux de Pétronille du Chambon, habitait les Vergnes, en 1647. Louis Auboux, s. de Stéveny, de la Maison-Rouge, fut maintenu dans la noblesse, en 1667, par l'intendant de Moulins. Jean-Claude Auboux, s. des

AUBOUX DE STÉVENY Vergnes, Bacqueville, Saint-Maurice [1724], fut aussi maintenu dans sa noblesse par l'intendant de Moulins, en 1700; il épousa, en 1692, Françoise du Pouget, de Nadaillac, dont : Claude-René, né en 1697, reçu page du roi en sa grande écurie, en 1712. Un autre Auboux des Vergnes, né en 1733, fut reçu page du roi en 1789. François Auboux de Stéveny, s. des Vergnes et de Saint-Maurice, assista, en 1789, à l'Assemblée de la noblesse, à Guéret. Mme de Chamerlat des Guérins, née Auboux de Stéveny

LE MARQUIS CLAUDE DE BOSREDONT-COMBRAILLE

Dernier-baron d'Herment, en Auvergne, et seigneur de Manoux,
près de Flayat, en 1789. (V. p. 152.)

des Vergnes, vivait en 1789. Sa fille épousa, le marquis de Ligondès, résidant au château du Leyrit. [V. *Le Leyrit, Dictionn.*] Auboux de Stéveny, porte : *d'argent, au chevron de gueules, accomp. en chef de 2 hiboux de sable affrontés et en pointe d'un arbre de sinople planté sur une terrasse de même ; au chef d'azur, chargé de 3 étoiles d'or.* — A environ 100 mèt. du château, étang appelé des Vergnes où l'on remarque un dolmen composé d'une énorme pierre supportée par 3 autres ; une allée de grosses pierres y conduit.

L'Etang (c. du Compas). Fief. Pierre de L'Etang, s. de L'Etang, en 1283. Gilbert de Merchy, écuyer, s de l'Etang [1543-1559], fut père de François, écuyer, s. de l'Etang [1578-1588], qui eut : Marguerite, dame de l'Etang, en 1574 ; mariée, en 1594, à Louis du Cloux, écuyer, s. de la Cour. Du Cloux, porte : *de gueules, à un lion rampant d'or, couronné de même ; 3 étoiles aussi d'or en chef.* Dont : Annet, marié, en 1613, à Claude du Fayet, dont : Léonard, écuyer, s. de l'Etang, marié, à Marie de Lauzanne. Il testa en 1659. Le 19 mai 1⁻⁻⁻, Michel-Gaspard-François de Lavaud, écuyer, s. de Lavaudblanche, baron de Pierrebrune, acheta la terre de l'Etang, à Vincent de Magnac, écuyer, s. du Cloux, lieut-colonel et major au régiment royal-comtois. Son fils Denis, baron de Pierrebrune, fut aussi s. de l'Etang et mourut le 22 fructidor an X.

Lignières (paroisse de Dontreix). Mas détruit. Pierre de Lignières, *alias* Lineyras, s. de Lignières, 1342.

Lioux-lès-Monges. Chef-l. de commune. 238 habit. 35 feux en 1357 ; 700 mèt. d'altit. — *Hospitale de Lyos, 1249.* [Mais. d'Auvergne, II, 107] ; *L'hious, 1357 ; Lio, 1375,* [idem, p. 208] ; *Leous, 1395,* [idem, p. 203] ; *Lious, 1535 ; Lyou-lès-Monges, 1665,* [reg. de Lupersac] ; *Lioux-lès-Monges, 1748,* [reg. d'Evaux]. — L'abbesse des bénédictines de Beaumont, près de Clermont-Ferrand, nommait le curé et était dame de cette paroisse ; ce qui explique son nom de *lès Monges,* qui veut dire les *religieuses.* Fête : Saint-Martial. — Pierre de Momet, seig. de Lioux, conseiller du roi en l'élection de Combraille, 1751. Ant.-Alex. Lebrun, s. de Chard, Lioux [1770]. — En 1755, le rôle de la collecte [taille], s'élevait à 744 livres, pour 46 feux.

Manoux (c. de Flayat). Fief. Pierre de Rochefort, chevalier, s. de Châteauvert, Manoux (1482) ; Guillaume, son fils, s. de Manoux, Châteauvert (1542). Jehan Grasdepain, s. de Manoux, général des finances en la généralité d'Auvergne, 1573. Gaspard Le Loup, gentilhomme de la chambre du roi, s. de Montfand, Préchonnet, baron de Blanzat, etc., vendit le fief de Manoux, en 1616, à Jean-Mathelin de Bosredont, baron du Puy-de-Galmier, pour 18,000 livres. Gabriel de Bosredont, fils du précéd et s. de Manoux, Combraille, mort en 1682, épousa Françoise de Saint-Phalle, dont Hubert, comte de Bosredont-Combraille, s. de Manoux, mort en 1716, marié à Antoinette de Saint-Julien, dont Claude comte de B. de Combraille, s. de

CHATEAU DE MATROUX (V. p. 154)

Manoux, marié à M.-An^le de Bardon, dont Hubert, comte de B.-Combraille, mort en 1778, s. de Manoux, marié à J.-Françoise de Gain, dont : le marquis Claude de B.-Combraille, né au château de Combraille, en 1734, où il est mort en 1802, baron d'Herment et dernier s. de Manoux, en 1789, vicomte de la Mothe-Bromont, lieutenant, chef de brigade (1782); depuis, maréchal de camp. De service au palais des Tuileries, le 10 août 1792, il défendit, au péril de sa vie, la reine Marie-Antoinette. — La maison de Bosredont, dont le nom primitif est *Dacbert* et qui remonte par filiation à 1219, est l'une des plus nobles et des plus illustres de l'Auvergne. Armes : *Ecartelé, aux 1 et 4 de gueulles, au lion d'or couronné à l'antique de même ; aux 2 et 3, de vair.* Cette famille compte 25 chevaliers de Malte, 13 chevaliers de Saint-Louis, etc. Citons Louis de Bosredont, premier écuyer d'Isabeau de Bavière, mort tragiquement de la jalousie du roi, en 1417. Elle est représentée par le marquis Paul de Bosredont [château de Belair, près Saint-Morilhon, Gironde], branche aînée ; et le comte Anselme de Bosredont, branche cadette, à Bourges [Cher].

Marlanges (c. de Merinchal). Fief. Dépendance de la terre de Vieuxvoisin ; à M. de Bosredont, en 1789.

Matroux (c. de Dontreix). Château. *Seigneurs* : Bertrand de Chaussecourte, s. de Matroux, 1342. Jean de la Garde, s. de Matroux, épousa Anne de la Tour d'Auverge ; il eut Françoise, dame de Matroux, mariée, en 1499, à Robert de Cordebœuf, s. de Beauverger, chevalier de l'ordre du roi, d'une antique maison sortie du fief de Cordebœuf en Bourbonnais et qui porte : *Ecartelé aux 1 et 4 d'or, à 3 fasces de sable ; aux 2 et 3, échiqueté d'argent et d'azur au chef de gueules* [qui est de Léotoing-Montgon], *sur le tout contrécartelé d'hermines et d'argent.* Robert laissa Benigne, chevalier, s. de Beauverger, Matroux, qui retint le nom de Beauverger. Il testa, en 1552, à Carignan, en Piémont, où il avait été blessé à la guerre. Il épousa, en 1541, Louise de Léotoing de Montgon, dont François, s. de Matroux, baron de Corvin, guidon de gendarmes, marié, en 1570, à Marguerite de Monestay ; son grand-oncle Jacques de Léotoing, lui donna, en 1578, les baronnies de Montgon et de Corenc. Il eut Pierre, s. de Matroux [substitué aux noms et armes de Montgon par le même, Jacques de Léotoing, 1578], gentilhomme de la chambre du roi, capitaine de 50 hommes d'armes, chevalier du Saint-Esprit. Il testa, en 1634, laissant de Charlotte de Chabannes, sa femme, Jean-François, s. de Matroux, capit. de chevau-légers au régim. de Canillac, maréchal de bataille, marié, en 1637, à Jacqueline du Plantadis, dont Louis, s. de Matroux, marié, en 1685, à Aimée de Sarre, dont Marguerite-Aimée, dame de Matroux, mariée,

DE CORDEBŒUF
DE BEAUVERGER-
MONTGON

en 1719, à Louis de Lestrange, chevalier, s. du Leyrit, dont Henri, marquis de Lestrange, s. de Matroux, Le Leyrit, marié, en 1752, à Antoinette-Gabrielle de Ligondès, qui vivait encore, en 1789 ; dont : 1º Gaspard ; 2º François ; 3º Jeanne-Françoise, mariée en 1783 au comte Vincent le Groing de la Romagère ; 4º Marie, mariée, en 1786, au comte Amable d'Autier. Le château de Matroux fut acheté, au tribunal d'Aubusson, par M. Jean Méridias, le 29 sept. 1828 ; il appartenait à M. Bouchet, mort en 1829. Il est possédé par M. Bosclard-Méridias. Le château est conservé ; mais le donjon carré est tombé de vétusté, il y a environ 30 ans.

Mercein (c. de Merinchal). Jadis *Mursent, 1357, 1450; Mersein, 1605*. Fief. Noble seigneur, Guillaume de Tinières (1), seig. de Mursent, en 1335 ; le même et ses frère Jean et Assalit, vendent, en 1359, à Pierre de Giac, s. de Jozerand, (chancelier de France, en 1383, et seig. du pays de Combraille), la seigneurie de Giat. En 1472, Jacques de Tinières était seig. de Mérinchal, Fernoël, Mursent. En 1605, Anne de Bosredont, veuve de Louis du Plantadis, seig. de la Mothe-Mérinchal, Merce'n. Ce fief dépendait, en 1478, de la baronnie d'Herment, dont il est dit un des *mandements* ou principales terres, devant le service militaire.

Mérinchal. Chef-l. de commune. Bourg, 137 feux, en 1357. Gare de chemin de fer, 594 habit. En 1767, le bourg, proprement dit, portait le nom de *Mérinchal-la-Mothe* et une collecte de la paroisse, celui de *Mérinchal-Barmont*, parce que les propriétaires du fief de Barmont en furent seigneurs.— *Mairenchalm*, vers 1150 et 1221 (cart. de Bonlieu) ; *Mairenchal*, XIIᵉ s. (cart. de Blessac); *capellanus de Mayrenchalm, 1231* [ch. de Bonlieu] ; *Feodum de Merincham. 1249* (Mais. d'Auvergne, II, 108) ; *Marenchal, 1357 ; Merinchalm, 1535*. Cure : collateur l'évêque de Clermont. Unie à la dignité d'archiprêtre d'Herment, en 1531-1600 ; mais au temps de Joachim d'Estaing, évêque de Clermont, de 1614 à 1650, on annexa à cet archiprêtré la cure de Saint-Avit, pour plus de commodité. Curés : Joseph Bughon, 1711 ; Sarsiron, 1719 ; Verdier, 1744 ; Etrade, prieur-curé, 1767. Fête : Saint-Martin et Saint-Pierre (1535-1600). Eglise du xivᵉ siècle. Clocher ainsi que le rehaussement de la toiture refaits en 1755. Deux chapelles : Celle du nord, dite de Villelume ; celle du midi, dite de la

(1) C'est par erreur que ledit Guillaume est appelé G. de la Tour, dans une copie ancienne de cet acte.

Mothe. Cloche de 1748 ayant pour parrain : Louis de la Roche-Aymon, et pour marraine Henriette-Françoise de la Roche-Aymon, dame de Roussine et de Barmont. L'ancien cimetière était dans le clos attenant à l'église. Le presbytère a été acquis en 1831. Dans le bois taillis de Lagorsse, à 1 kil. du bourg, tumulus de 10 à 12 mèt. de haut avec circuit de 60 mèt. En 1865, une hache celtique en pierre fut trouvée dans un champ, à Mérinchal, et donnée au musée de Clermont. En 1883, on a découvert, dans la tranchée de la Croix-Marchon, trois urnes cinéraires en pierre rude. Déjà, en 1860, on avait trouvé, près de là, un mur en brique (romain), des vases, des médailles. — Près du château de la Mothe, on a exhumé des tombeaux (Moyen-Age), taillés dans des pierres. — *Château féodal.* Mérinchal avait 2 châteaux féodaux : 1° celui de *Beauvais* ou de Beauvoir, à l'est, dans le bourg, entouré d'un fossé, défendu par des tours, dont il reste à peine quelques traces (1) ; 2° celui de la *Mothe,* au S.-E., sur le bord du bourg (existant), et entouré d'un fossé (comblé). — *Seigneurs.* La famille Le Loup, l'une des vieilles races chevaleresques d'Auvergne (éteinte), armes : *d'azur, au loup passant d'or,* a possédé Mérinchal plusieurs siècles. Blain Le Loup, s. en partie de Mérinchal, en 1249, était vassal du prince Alphonse. De lui, descend Aubert, chevalier, s. de Mérinchal en partie [1335-1349], gouverneur du duché de Bourbonnais, des comtés de Clermont et de la Marche en 1344 ; père d'autre Blain, chevalier, coseig. de Mérinchal, époux de Marie de Mérinchal [de la maison de Villelume], en 1380 ; celui-ci, qui fut écuyer de Louis II, duc de Bourbon, eut Blain, coseig. de Mérinchal, maréchal du Bourbonnais, en 1420 ; sénéchal d'Auvergne, en 1427 ; époux de Sybille de Crux, dont : Blain, s. de Beauvoir, époux de Catherine de Brosse, dont : Blain, coseig. de Mérinchal, s. de Beauvoir, marié à Catherine de Brosse, dont : Blain, seig. de Beauvoir, Merdogne, coseig. de Mérinchal, qui entretenait 9 hommes d'armes en 1445 ; marié à Louise de

LE LOUP

(1) En 1767, Emilie de Sainte-Hermine, veuve de Jacques Pannier d'Orgeville, s. de Mérinchal, vendit à Martin Loubaud, tailleur d'habits, à Mérinchal, un emplacement sur le terrain et masure du château de Beauvais, alors en ruines.

VUE DE MÉRINCHAL

A gauche, sur le premier plan, l'ancien château dit de la Mothe.

Rochefort, dame de Préchonnet, dont : Jacques, s. de Beauvoir, Saint-Marcel, Chalusset, en 1472 ; cos. de Mérinchal, marié : 1º à Jeanne de Lévis ; 2º à Catherine de Châteauneuf, dame de Pierrebrune. Il eut : 1º Jacques, s. de Préchonnet, le Ronzet, Chavanon, marié à Jacqueline de Montmorin. Son arrière-petite-fille, Anne, épousa, en 1608, Gilbert de Langeac, s. de Dallet et lui porta Préchonnet ; devenue veuve, elle fonda les Visitandines de Montferrand ; 2º Blain, seig. de Chalusset, Beauvoir, cos. de Mérinchal, marié à Claude du Puy ; sa fille, Magdleine, dame en partie de Mérinchal, épousa, en 1530, Christophe d'Allègre ; dont : Gaspard, seigneur de Chalusset, Viveroles, qui possédait le château de Beauvais, à Mérinchal, appelé alors Tour d'Allègre, du nom de son possesseur, celui-ci vendit en 1580, sa portion à Louis des Aix, dont nous parlerons ; 3º Louis, s. de Pierrebrune, cos. de Mérinchal [1530] ; marié à Antonia de la Fayette, dont : Christophe, s. de Pierrebrune, Eygurande, Menetou, cos. de Mérinchal, marié à Clauda de Malain de Digoine, dont : A.-René, baron de Digoine, marié à Louise-Jehan de Bellenave, dame de Saint-Floret, dont : Françoise, femme de Pierre Loriol, B.-Blain, s. de Pierrebrune, qui vendit à Louis des Aix, écuyer, seigneur de Chaslus, une partie de la terre de Mérinchal [acte du 3 décembre 1580]. Louis des Aix, fit construire, à Mérinchal, un château appelé Châteauneuf, à 500 mètres environ du bourg [incendié pendant la Ligue, par Ant. de Ruben] Il épousa, en 1583, Antoinette de la Chassaigne ; fut tué pendant la Ligue, par son voisin, Antoine de Ruben, seig. de Lavaud-Promis, et son château incendié par celui-ci (1). Cette famille des Aix, noblesse d'Auvergne, bien alliée, possédait les terres de Chaslus et compte le célèbre général Desaix, tué à Marengo en 1800 ; elle est représentée au château de Bauson, près de Combronde [Puy-de-Dôme], par le baron Léon des Aix. Armes : *d'argent, à la bande de gueules, chargée de 3 coquilles d'or.* Louis des Aix revendit, le 3 décembre 1580, à Louis du Plantadis la coseigneurie de Mérinchal, Disons, ici, que les Le Loup résidaient, à Mérinchal, dans le château dit de *Beauvais.* — Reste à parler des

(1) Yves d'Allègre, baron de Meilhau, gouverneur d'Issoire, parent de Gaspard d'Allègre, mentionné ci-dessus, fit poursuivre les assassins de Louis des Aix, savoir : A. de Ruben, et son frère François, François de la Roche-Aymon, s. de la Ville du Bois, dit le capitaine Brun, Jean de la Colombière et Jacques de la Salle, s. de Leyraut, mais il fut assassiné à Issoire, en 1592, et Henri IV gracia les coupables.

coseigneurs de Mérinchal de la maison de *Tinières*. Cette antique maison, connue dès 1167, originaire du château de Tinières, non loin de Bort, porte : *d'or, à la croix ancrée d'azur*. Elle s'est éteinte au

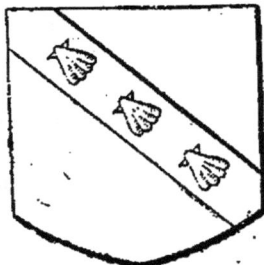

DES AIX

xvie siècle. Guillaume de Tinières, était coseig. de Mérinchal, en 1570. De lui descend Jacques Tinières, chevalier, coseig. de Mérinchal, s. de Fernoël, Murcent, la Courtine, Mirambel, marié, vers 1440, à Jacquette de Puy-Vatan. Il résidait au château de la Mothe, à Mérinchal et laissa : 1o Claude, dame en partie de Fernoël, de Mérinchal, mariée, en 1473, à Louis II de la Roche-Aymon, s. de Barmont, Mainsat, dont : Jean III, cos. de Mérinchal, s. de Barmont, de Mainsat, mort en 1522, marié à Sébastienne de la Chapelle, dont : Louis III, cos. de Mérinchal, s. de Barmont, Mainsat, mort en 1557. Les descendants de ce dernier, seigneurs de Barmont.

[Voy. *la Celle-Barmontoise. Dictionn.*], ont été coseigneurs de Mérinchal, jusqu'en 1789, c'est-à-dire, les de la Roche-Aymon, puis les du Bourg de Bozas, en 1736. [V. *Généalog. de la Roche-Aymon*];

DE TINIÈRES

2o Louise, dame en partie de Mérinchal, mariée, vers 1470, à Pierre de Rochefort de Châteauvert [de Rochefort - Châteauvert : *fasce d'or et de gueules de 6 pièces*] : dont : Guillaume de R., cos. de Mérinchal, s. de Châteauvert, marié, en 1506, à Jeanne de Pestel, veuve et dame de Mérinchal, en 1540. Louis du Plantadis [v *Plantadis. Dictionn.*], écuyer, s. de Mérinchal, le Leyrit, résidant au château de la Mothe-Mérinchal, gendarme de la compagnie du duc de Longueville, épousa en 1570, Anne de Bosredont, fille d'Ant., baron d'Herment et petite-fille de Jeanne de Pestel, qui précède et succédant aux droits de celle-ci. Il mourut en 1586, laissant Jean, s. de la Mothe-Mérinchal, homme d'armes de la compagnie d'ordonnances du Dauphin [1603-1613], marié, en 1601, à Gilberte du Peyroux qui, veuve, en 1648, résidait au château de la Mothe-Mérinchal et laissa : Jacqueline-Gilberte, dame de la Mothe-Mérinchal, mariée, en 1637, à Jean-François de Cordebœuf-de-Beauverger de Montgon, écuyer, s. de Matroux, capit. de chevau-légers, [v. *Matroux. Dictionn.*]. Cette famille de Cordebœuf, connue par filiation depuis 1375, porte : *Ecartelé aux 1 et 4 d'or, à 3 fasces de sable ; aux 2 et 3 échiqueté d'arg. et d'azur au chef de gueules ; sur le tout contreécartelé d'argent et d'hermines (qui est de Cordebœuf)*. (V. page 154.) Elle est représentée à Montagne, près Maringues (P.-d.-D.), par le marquis de C. de B. de Montgon. Jean-François et Jacqueline de Plantadis, laissèrent : Alexandre, chevalier, s. de la Mothe-Mérinchal, résidant au château de la Mothe, marié, en 1689, à Marguerite-Aimée Morin d'Arfeuilles ; Antoine du Plantadis [oncle de Jacqueline qui précède], fut coseig. de Mérinchal et vendit sa part de cette terre, à Jean de Bosredon, s. de Vieuxvoisin, de l'illustre famille de ce nom. [V. *Manoux. Dictionn.*], mort en 1681. D'autre part, Alexandre de Cordebœuf, qui précède, vendit sa part, en 1720, au comte François-Gaspard de Montmorin, d'une illustre et puissante maison d'Auvergne, éteinte en 1871, mais représentée (par substitution de 1816) par le comte d'Aurelle de Montmorin et son frère [de Montmorin : *de gueules, semé de molettes d'éperon d'argent au lion de même brochant*]. Armand-Gabriel de Montmorin, frère de François-Gaspard et son héritier revendit, vers 1727, à Jacques Pannier, chevalier, s. d'Orgeville, maître des requêtes [Pannier : *d'azur, au chevron d'or, accomp. en chef de 2 étoiles et en pointe d'une rose d'argent*], marié à Emilie de Sainte-Hermine, veuve en 1767. Les créanciers de ce dernier firent vendre Mérinchal, le 28 mars 1777, à Ant.-Joseph de Vissaguet, né en 1741, s. de la Tourette, Montaclier, président au bureau des finances, à Riom, marié, en 1778, à Cath. de Lestang [morte à Mérinchal, en 1807], il a été le dernier seig. de Mérinchal, en 1789. [De Vissaguet : *d'argent à la fasce de gueules accomp. en chef de 3 étoiles de même et en pointe, d'un lévrier de sable*]. Il vendit le château de la Mothe-Mérinchal à Pierre-Gilbert Gory, notaire royal. Les de Villelume ont eu anciennement des droits sur Mérinchal, dont un porta même le nom. Guillaume de Mérinchal, s. de Villelume, et en partie de Mérinchal, vivait en 1250. Son descendant, Jacques de Villelume, s. de Barmontet, Villelume, Vassel, aliéna le 8 juillet 1599, à Blaise de Chaussecourte, s. de Cherdon [V. *Cherdon, au Dictionnaire*], des dîmes de blés, dans la paroisse de Mérinchal, réservée la dîme du Boudet, commune, entre lui, et les prêtres de l'église de Mérinchal, pour 1,250 écus. Charles de Chaussecourte, écuyer, son descendant rendit foi-hommage pour cette dîme à la duchesse de Montpensier [1684]. Le prieuré de Giat percevait aussi la plus grande partie des dîmes de la paroisse de Mérinchal et la prieure fit rendre, en 1698, au baron d'Herment, la foi-hommage à ce sujet ; car la terre de

Mérinchal relevait de la baronnie d'Herment. — Le rôle de la paroisse formait, en 1746, 2 collectes, celle de *Mérinchal-Barmont*, avec 114 feux et *Mérinchal-la-Mothe*, avec 145 feux. En 1785, la taille de la première collecte, se montait à 3,776 livres, 15 sous, pour 181 feux. — Joseph Bughon, curé de Mérinchal, fonda, en 1711, une école gratuite à Mérinchal. Cette école devait avoir un instituteur choisi dans sa famille; elle a existé jusqu'à la Révolution. C'est en 1833, que fut créée la première école communale. — M. Boyer, de Mérinchal, fut l'un des assiégeants de la Bastille, en 1789 ; il y périt. Le curé de Mérinchal ayant refusé de prêter le serment à la Constitution, un homme frappa, avec une fourche de fer, les gendarmes venus pour l'arrêter et fut tué par eux près de la croix de Villelume (4791).

Montbabut (c. de Mérinchal). Fief à Just-Henri du Bourg, comte de Saint-Polgues, seig. de Roussine, qui, en 1757, vendit le domaine de Montbabut à Jean Giraudon, marchand à Tralaigue.

Montgourd (c. des Mars). Château ancien [existant] et fief. — *Seigneurs*. Cette terre a, longtemps, appartenu à l'ancienne maison noble de Chavanat, qui porte : *d'azur, à la croix d'argent, cantonnée de 4 étoiles d'or*. La filiation de cette maison remonte à 1100. Christophe de Chavanat était gouverneur d'Issoire et se distingua au siège de cette ville, en 1577. Cette famille compte un chevalier de Malte [1569], 3 chanoines-comtes de Brioude [1771, 1772, 1787]. Raoul de Chavanat de Neuville, marié à Catherine de la Roche, eut : Jacques, écuyer, s. de Montgourd [1508], lequel reçut, en 1510, de la ville d'Auzances, des terres qui avoisinnaient son château en reconnaissance des services rendus par lui à la ville. Il épousa, Jeanne de Durat. Noble Jean et Gabriel de Chavanat [1535]. Claude de Chavanat, s. de Montgourd et la Liève [1574-1591], capitaine d'arquebusiers à cheval sous Charles IX et Henri III. Sébastien de Chavanat, écuyer, s. de Montgourd, La Liève, époux de Gilberte des Brandons [1614]. Alexandre de Chavanat, écuyer, s. de Montgourd [1727]. Gabriel, comte de Chavanat, fils d'Annet, marquis de Chavanat, s. de Montgour et de Marie-Claire de Fricon, épousa, en 1786, Marie-Silvie de Coudert de Lavaublanche. Cette famille a fait ses preuves pour l'école militaire en 1780. Elle était représentée, en 1820, par Gabriel, marquis Chavanat, colonel d'état-major de la garde nationale de Paris, et Alexandre-François, son frère, inspecteur de l'Académie de Bordeaux et une sœur chanoinesse-comtesse de Blesle.

Moutgrut (c. de Flayat). Durand de Moutgrut, écuyer, s. de Mont-

6

grut, homme d'armes de la compagnie, du comte d'Angoulême, épousa, en 1532, Jacquette des Escaux. [De Montgrut : *d'azur, à l'aigle à double tête becquée, onglée d'or, accompagnée de 2 étoiles d'argent*]. Cette famille s'éteignit, vers 1760, par François de Montgrut, chanoine, archidiacre de Montauban, en 1751. [V. *Secondat* et *la Chassaigne. Dictionn.*].

Montplaisir (c. de Saint-Agnant). Domaine, en 1776, à M. de la Rochebriant, s. du Theil, et à son fils Yves.

Naberon (c. de Crocq), 85 feux en 1357. *Nabairon, 1293 ; Nabeyron, 1641 ; Nabeyraud, 1745.* — *La commanderie.* Elle dépendait de celle de Sainte-Anne [Haute-Vienne], à l'Ordre de Saint-Jean-de-Jérusalem [Malte], dès 1293 (1). Il y eut une église paroissiale, jusqu'en 1789, avec chapelle. Le château appartenait au commandeur ; il était en bon état en 1640 ; bâtiment carré ayant un escalier dans une tour et entouré d'une cour ; le commandeur avait aussi un domaine, 2 étangs, terres, bois, cens, rentes, dîmes, justice, un moulin dit du commandeur. Les habitants du Naberon devaient acquitter un droit dit : « *Droit de nopces* ». Gabriel Pellissier, procureur fiscal à Crocq, ayant fait bâtir sans permission, vers 1614, à une portée d'arquebuse du château, une maison ornée d'une tourelle en encorbellement, ce fait fut soumis au chapitre provincial. De Naberon dépendaient les annexes de Monteil-Guillaume et de Salesse. [V. ces mots, *Dictionn.*]. *Liste des commandeurs.* Golfier de la Marche, 1444 ; Pierre d'Aubusson, 1461-1465 ; il devint grand-maître de Rhodes ; Guillaume de Saint-Julien, 1490 ; Antoine de Groslée, 1537-1538 ; Pantaléon de Varennes, 1538 ; de Vallins, 1547 ; Jacques de Dyo, 1580 ; Sébastien de Saint-Julien de Peyrudette, en 1603 ; François de Crémeaux, 1608-1610 ; il devint grand-prieur d'Auvergne en 1623 ; Gaspard de la Gruterie de Maisonseule, 1636-1649 ; Gaspard de Mascon, 1641 ; de Montaignac, 1643 ; Alexandre de Costaing de Pusignan, prit possesion le 14 avril 1660-1685 ; Antoine de Fougières, 1689-1701 ; François de Crémeaux, 1700 ; Denis-François de Mautry, seig de Maufan, 1709-1714 ; Henri de Maugiron, 1716, mort le 5 décembre 1720, au château de Molard ; Jean-Joseph de Caissac, prend possession le 28 février 1723-1728 ; Adrien de Langon, prend possession le 6 mai 1732-1739 ; Joseph-Guy de Bosredont de Vatanges, 1739-1745 [grand prieur d'Auvergne, en 1770] ;

(1) Voir *Spicilegium Brivatense*, par A. Chassaing.

PIERRE D'AUBUSSON

Commandeur de Naberon (1461-1465), mort célèbre grand-maître
de Rhodes en 1503. (D'après une gravure de 1676).

Pierre du Peyroux, 1751-1753 ; Gabriel de Montaignac, de Chauvance, nommé le 20 avril 1754-1759 [Il devint grand prieur d'Auvergne et fut même élu grand maître de l'Ordre en 1774 ; alléguant son grand âge, il refusa cette dignité et désigna le bailli de Rohan. Il mourut en 1779; enterré dans l'église de Saint-Jean de Malte avec épitaphe]. Léon de Charry des Gouttes, anc. capit. de vaisseau, 1766 ; mort le 8 sept. 1771, à Moulins ; Anne-Philippe de Pétramont de Vallay, 1778-1780 ; Déodat de Gratel de Dolomieu, 1784-1789. — Le Naberon était la résidence du commandeur de Sainte-Anne. [V. l'*Ordre de Malte en Limousin*, par A. Vayssière, p. 51 — Les titres de cette commanderie sont aux archiv. départem. à Lyon]. — Filon d'antimoine récemment découvert près de Naberou.

Neuvialle (c. de la Mazière-aux-Bons-Hommes). Louis Gallichier, s. de Neuvialle, 1656. Jean Astorgue, écuyer, s. de Chaludet, vendit, vers 1680, à Guillaume Pellissier, ses droits féodaux sur Neuvialle. Joseph de Courteix et Pierre Roudaire, seig. de Neuvialle, en 1734.

Noudière (c. de Saint-Agnant). *Nodières, 1781*. Annet de Ségonzat, écuyer, seig. de Noudière [1781]. Il avait un frère, Gilbert de Ségonzat, chevalier, s. du Mas [1781]. Le chapitre de Crocq leva, depuis son origine [1444], jusqu'en 1789, la dîme à Noudière.

Orsange (c. de Dontreix). Fief. Bertrand de la Roche, damoiseau, le possédait en 1381 et devait foi-hommage à l'évêché de Clermont.

Pancry (c. de Mérinchal). Fief. *Pancyreix, 1789. Paneris*. Dépendance de la terre de Vieuxvoisin, à Françoise-J.-B. de Bosredont, en 1789. Antoine du Plantadis, qui vivait en 1625, en fit vente à M. de Bosredont, ancêtre du précédent.

Plantadis (c. de Saint-Agnant). Fief qui a donné son nom à la maison du Plantadis, remontant au xv⁰ siècle, et qui a possédé les terres du Plantadis, du Bost, de Mérinchal, du Leyrit, de la Vernède, Paneyreix, Saint-Alvard, Beaume, Le Baneix, la Gorsse, Jouhet, Luchat, etc. Armes : *d'argent, au chêne glanté d'or, sur une terrasse de sinople ; au chef d'azur, chargé d'un croissant d'argent accosté de 2 étoiles d'or.* Alliances avec les familles de Blanchefort, de Bosredont (1570), de Chaslus, de Châteaubodeau, de Cordebœuf-Beauverger [1637], de Langeac [1597], de Lestrange [1641], Morin d'Ar-

DU PLANTADIS

feuilles, Motier de la Fayette [1629], du Peyroux [1605], de la Rochebriant [1556], de Montrognon de Salvert [1622], de Sarrasin, de Seiglière, de la Souche, de Véyny-d'Arbouse, de Villars, etc. Cette famille compte Antoine du P. lieut.-général du comté de la Marche [1581-1589], député aux Etats de Blois [1588]; Jean du P., premier président de l'élection de la Marche [1618]; Magdeleine du P., abbesse de Sainte-Claire, à Clermont-Ferrand [1614-1644]. Représentant actuel : M. du Plantadis, au château de Saint-Maixant (Creuse).

Pompignat (c. de Basville). Charles Fillias, s. de Pompignat en partie, de Chaludet, testa en 1684. Il eut Louis, s. de Pompignat, Chaludet (1676), père d'Annet, s. de Pompignat, Chaludet, dont : Pierre-J.B., s. de Chaludet, Pompignat, les Farges, Pendognes, Chalus, Larfeuille, dont : Barthélemy, s. de Chaludet, Pompignat, Farges, Chalus, Pendogne, Larfeuille [1763-1789]. (V. A. Tardieu, *Hist. de la maison de Bosredon,* p. 293).

Pontcharraud. Chef-l. de commune, depuis 1883, 48 feux en 1357. — *Pons Carralis. Poncharel,* xiie s. (cart. de Blessac). *Pont-Charral, 1357; Pont charrau, 1477.* (Terr. de Felletin). *Pont charraud, 1536.* (Terr. de Poux); *Bourg de Pontcharraud, 1580;* (Terr. de Felletin). — La cure annexe de la prévôté de l'abbaye de Chambon, 1564, 1649. Collateur : le prévot de l'abbaye de Chambon, 1570, 1572, 1722, 1740, 1766. Dans l'église, il y avait une chapellenie ou bailie séculaire, 1570. Fête : Sainte-Valérie, de Limoges. Belle croix en pierre, sculptée, du Moyen-Age. — Passage de la voie militaire pour Limoges, pendant tout le Moyen-Age et une étape de la poste. L'illustre Michel Montaigne, philosophe, revenant d'Italie et de Clermont, Crocq, y coucha en novembre 1581. (V. p. 59). En 1631, Abraham Goluitz, voyageur allemand, auteur, passa aussi dans ce lieu. En 1591, les Ligueurs du duc de Nemours occupaient cette région. (V. p. 20). L'abbaye de Sainte-Valérie de Chambon possédait la terre de Pontcharraud, dès 1564 et l'a gardée jusqu'en 1789. Gilbert-Marie de Larfeul, fils de Jean-François et d'Anne Sersiron, était coseig. de Pontcharraud, en 1789. J.-B. Ruyneau du Bezut, coseig. de Pontcharraud [1757], fils de feu Claude.

Prunevieille (c. du Compas). Fief. Longtemps à une branche de la famille Momet, d'Auzances. Michel Momet, s. de Prunevieille et du Fau [1603-1647], lieutenant-général en l'élection de Combraille, en 1647, neveu de Jean, s. de Villetourteix. [V. *Villetourteix, Dictionn.*]. De lui, descend Louis Momet, écuyer, s. de Prunevieille et de la Faye, le Queulloux, gentilhomme ordinaire du duc d'Orléans [1677], élu en l'élection de Combraille, marié à Gilberte Bourdeix, dont : Pierre, s de Prunevieille, lequel eut : 1° Louis, s. de la Faye, élu en l'élection de Combraille, marié à Marie Jonasse, dont : A. Jacques, docteur en théologie, curé d'Auzances [1753]; B.-Gilberte, femme de Claude Arnauld, s. de la Ronzière, garde du corps du roi, C. Gilberte, mariée, en 1727, à M.-Gaspard-François de Lavaud, baron de Pierrebrune; 2° Jacques, s. de Lachamps; 3° Annet; 4° Magdeleine, femme de Jean-Louis Brousse, s. de Chezet, avocat en Parlement, châtelain de St-Hilaire, père de Charles, époux de Marie Parot.

Rougnat. Chef-l. de commune, 550 mèt. d'alt. 2,098 habit. Tumulus sur la place publique. *Rougnac* ou *Rognac*, jadis *Runhac*. *Ecclesia de Ruinac, 1106*, (ch. de l'évêché de Limoges). *Ecclesia sancti Joannis et sancti Laurentii de Runiaco, 1158* (ch. d'Evaux); *Ruinac, 1217* (cart. de Boulieu); *Parrochia de Rugnac, 1249* (Mais. d'Auvergne, I, 107]; *Ruygnac, 1285* (Baluze, *Miscellanea*, I, 283); *prior de Runhac, Ruygnas, 1285* (Mabillon, Annal., t. II, p. 627 et Baluze, Miscell., t. VI, p. 278), xiv° s. (Pouillé); *Rugnat, 1141* (arch. du marquis de Bonneval); *Rougnhal, 1500 ; Rouhac, 1504* (terr. d'Evaux). — Prieuré-cure : de Vauchaussade, prieur, 1722 ; Louis Momet, seig. des Farges, prieur [1728]. Décimes : 102 livres. Fête : Saint-Laurent. Collateur de la cure : c'était une annexe de la prévôté d'Evaux, 1441, 1476, 1478, 1567 ; le prévôt d'Evaux, 1558, 1559, 1681, 1722 ; l'évêque de Limoges depuis l'union. Fête : Saint-Jean-Baptiste. Le 30 juillet, 1436, Pierre de Montbrun, évêque de Limoges, était en tournée pastorale à Rougnat, mais Trolhard de Montvert, chevalier, seig. de Magnat, prétendant que ce prélat n'avait aucune juridiction à Rougnat, fit enlever ses chevaux. De là, excommunication et interdit sur l'église de Rougnat. — L'église est en beau style ogival avec absides et absidiales romanes. Arceau tumulaire du xv° siècle, dont les arêtes sont soutenues par des anges agenouillés. Fonts baptismaux sous un cintre roman, à chapiteaux curieux. Magnifique tableau, représentant des scènes de la vie de J.-C.; peint, en 1751, par le chevalier italien Lombardi (1). En 1771, il y avait, près de l'é-

(1) *Lombardi (Jean-Dominique)*, dit l'*Olmino*, né en 1682, à Lucques (Italie), mort en 1752. Il a du génie élevé, beaucoup de verve.

glise paroissiale, une chapelle dédiée à Saint-Jean. En 1710, le rôle de la taille de la paroisse s'élève à 4,299 livres. En 1774, à 9,831 livres, 6 sous, 6 décimes, pour 325 feux. — En 1768, il y avait une brigade à cheval des fermes du roi.

Rougnat (c. de Saint-Pardoux). Devait, en 1517, des cens et rentes à la baronnie de Crocq.

Roussine (c. de Chard). *Roucines, 1580, Roussines.* Fief. Il y avait un château féodal qui vient des Tinières. Claude de Tinières, fille de Jacques, s. de Mérinchal, porta Roussine en dot, en 1473, à Louis de la Roche-Aymon, s. de Mainsat. D'eux descend Louis de la Roche-Aymon, s. de Roussine, marié à Françoise de Rochefort, fille de François, s. de Chard, dont : François, s. de Roussine, Mainsat, marié, en 1576, à Françoise Le Loup de Pierrebrune, dont : 1o Renaud II, qui suivra ; 2o Charles, s. de Roussine, mort, en 1627, ne laissant que 2 filles naturelles. Renaud II, s. de Roussine, Mainsat, Barmont, fut père de Nicolas, s. de Roussine [1637], père de Michel, s. de Roussine, père de Nicolas-Louis, s. de Roussine, mort en 1721, père d'Henriette-Françoise, dame de Roussine, morte en 1796, mariée, en 1737, à Just-Henri du Bourg, marquis de Saint-Polgues et de Bozas, dont : Emmanuel-Gaspard, marquis de Bozas, s. de Roussine, en 1776. Celui-ci vendit Roussine, en 1780, à Marie-Louis Sapin, s de Trouffy et de Chaludet. Les héritiers de ce dernier l'ont morcelé et revendu à divers. L'étang de Roussine appartient encore à des membres de la famille. Le château féodal était composé d'un corps de bâtiment avec 2 tours latérales rondes et un donjon carré et crénelé sur la façade du milieu. Il a disparu depuis la Révolution. Le cachot du donjon existe. (V. le mot *Truffy* du *Dictionn.*). Déjà, le 26 oct. 1696, Marguerite de Villelume, veuve de Gilbert de Saint-Quintin-Beaufort, avait cédé un domaine, à Roussine, à Georges Sappin, châtelain de Paneyreix, avec droits féodaux.

Ronzelle (c. de Saint-Georges-Nigremont). En 1763, [le prieur de N.-D. de la Blanche (à Felletin), y percevait la dîme.

Saint-Agnant. Chef-l. de comm. 1,160 habit. 53 feux en 1357. 732 mèt. d'altit. Cure : à la collation de l'évêque de Limoges, 1482,

Quelques-unes de ses peintures sont comparables à celles du Guerchin pour la force et la magie.

6'

1627, 1673, 1681, 1767, 1717, 1718. Fête : Saint-Anian d'Orléans. (Labbe, *Nova Bibliotheca*, t. II, p. 700). *Capella sancti Aniani*, xiv° s. (Pouillé) ; *Saint-Anha, 1357, 1391, Parochia sancti Anhiani, 1428;* (Cartul. *de Crocq) ; Saint-Agny, en 1580.* [Terrier de Felletin]. Dans cette église, il y avait diverses vicairies, avant 1789, savoir : Une vicairie de la Sainte-Vierge [1467] ; autre fondée par Jean Miron, curé, à l'autel du rosaire ; collateur : le fondateur, en 1650 ; autre dite de Saint-Laurent de Reberolles. Curés : Jean Miron, 1631 ; Jacques de Boutiniergues [1660] ; Michel Robichon [1680], bachelier en théologie. Les grandes pluies de 1757, ont emporté trois moulins à Saint-Agnant. La seigneurie et les dîmes : En 1322, Marguerite de Laschamps, veuve de Robert d'Ussel, clerc, donna à Guillaume, son fils, une rente de 15 setiers de blé que noble Ebles de Ventadour, chevalier, seig. d'Ussel, avait coutume de percevoir dans la paroisse de Saint-Agnant. Cette rente appartenait, en 1363, à Guillotin d'Ussel. Elle fut vendue par Jehan d'Ussel, s. de la Garde-Guillotin à Jean de Bourgnhanaud, seig. de Lesclauze [vers 1570]. Charlotte de Beaufort-Canillac, femme de Gaspard [Le Loup, s. de Montfan, la revendit, en 1618, à Anna de Ruben, veuve d'Eymon de Guillaumanches, s. de Chicheix et celle-ci la vendit à Jean Miron, curé de Saint-Agnan, en 1631. En 1366, Pierre de la Roche, qui possédait une dîme dans la paroisse de Saint-Agnant, en fit donation à son neveu Jean de Laubert. Le 5 décembre 1435, Dauphine de Montlaur, veuve de Jacques du Peschin, baron de Crocq, fit un échange avec Jacquette du Peschin, femme de Bertrand de la Tour, comte d'Auvergne. Elle leur abandonna sa châtellenie de Volcon, s'en réservant l'usufruit et, en retour, ceux-ci lui donnèrent 2,000 pièces d'or et les dîmes de Saint-Agnant. En 1444, la même Dauphine de Montlaur, en fondant le chapitre collégial de Crocq, lui abandonna les dîmes de Saint-Agnant qui furent le principal revenu de ce chapitre jusqu'à la Révolution française. — *Chapelle de Saint-Michel* (près de Saint-Agnan). Cette pittoresque petite chapelle, placée sur un monticule [880 mèt. d'altit.], qui s'aperçoit fort loin, a été fondée vers 1440, par un d'Aubusson, qui avait guerroyé contre les Anglais à côté de Jeanne d'Arc. Elle fut placée sous le vocable de Saint-Michel, archange, alors, l'un des patrons de la France. Ayant été incendiée, elle fut réédifiée en 1634, comme l'indique une date. Reconstruite avec un petit clocher, en 1870. Grand pèlerinage le jour de la fête de Saint-Michel [29 septembre].

Saint-Alvard (c. de Basville). Pierre levée druidique, sur le bord de la voie romaine. La tradition dit que c'est le tombeau d'un général gaulois. *De sanctó Elevardó 1249.* — *L'église.* Donnée, en 1249, au chapitre d'Herment (voir page 66), qui, depuis, jusqu'en 1789, a nommé le curé. Patron : Saint-Clair. Curés : Antoine d'Aultebesse, 1490 ; Cousturier, 1600 ; Michel Cousturier, 1633-1647 ; Jacques Cousturier, 1647-1683 ; Jacques Bessède, 1683-1694 ; Besse, 1701 ; Annet Bessède, 1738 ; Balthasard de Bladis, 1747-1750 ; Louis Bouyon, 1750. La paroisse de Saint-Alvard a été réunie à celle de Basville, le 14 décembre 1836. Fief. Claude du Plantadis, écuyer, seig. de Saint-Alvard [1629], le Leyrit, testa en 1634 et mourut sans enfants. Alix, sa sœur, son héritière, dame de Saint-Alvard, épousa

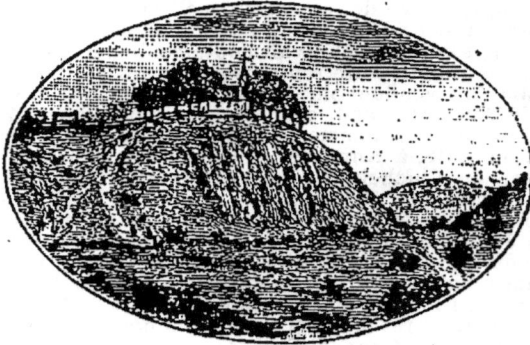

CHAPELLE DE SAINT-MICHEL (v. p. 168)

Louis de Montrognon de Salvert, s. de Neuville, la Chau-Brandon, Noizat ; elle était veuve, en 1643. Jean de Montrognon de Salvert, écuyer, s. de Saint-Alvard, Saint-Maurice, la Chau-Brandon [1678], Jean-François Laville [famille d'origine bourgeoise, ancienne, à Clermont-Ferrand], écuyer, s. de Saint-Alvard, fils de J.-B., conseiller au présidial de Clermont, épousa Marie-Anne Thomazet, dont : Amable, s. de Saint-Alvard, en 1789, conseiller au présidial de Clermont, marié, en 1776, à Françoise Brunel.

Saint-Amand (c. de Saint-Georges-Nigremont). Fief qui appartenait, en 1771, à M. de Larfeul, marié à N. Prugnier. Il fut, en

1789, député du Tiers-Etat pour la paroisse de Saint-Georges-Nigremont. La famille de Larfeul, qui possédait, depuis la fin du xvıı° siècle, le fief du Mas, près de Condat cant. de Pontaumur, (P.-d.-D.), porte : *d'or, au laurier arraché de sinople*. Représentants : M. de Larfeul, juge au tribunal civil de Moulins, et son frère Alfred. — En 1763, le prieur de N.-D. de la Blanche (à Felletin) percevait la dîme dans ce lieu.

DE LARFEUL

Saint-Bard. Chef-l. de commune. 39 feux, en 1357. 375 habit. *Prioratus de Saint-Bar, 1287* (Baluze, *Miscellanea*, I, 299). *Ecclesia de sancto Baro, 1240.* (*Maison d'Auvergne*, II, 107) ; *Sainct-Bard, 1357 ; Sainct Bar, 1471. Prieuré de Sainct Bart, 1533* (terr. de Saint-Bard). *Sanctus Spartius*, autrement Saint-Bar, 1535. — La cure avait pour collateur le prévôt de Chambon [1535]. — Prieuré. De l'ordre de Cîteaux. Le prévôt de Chambon nommait le prieur. Prieurs : Michel de Panneveyre [1602-1605] ; Gabriel de Panneveyre, 1642 ; Gilbert de Douhet, 1675 ; Jean-François de Momet, 1733. — L'illustre Massillon, évêque de Clermont, visita vers 1730, cette paroisse qui était de l'archiprêtré d'Herment. *Seigneurs :* Charles de Villelume, chevalier, seig. de Saint-Bard [vers 1610], épousa Gabrielle de Langeac. Le 27 mai 1681, le curé de Saint-Bard [Gilbert Duguet de Larioux], fit planter, dans le cimetière, un tilleul qui n'a été coupé qu'en 1875.

Saint-Georges-Nigremont. Chef-l. de commune. 639 mèt. d'altit. 1,424 habit. *Ad montem quem nigrum nomine dicant*, vı° s. (Grégoire de Tours, *Rec. des Hist.*, II, 211] ; *in pago Nigro montense in vicaria de ipsa Nigromonte*, vers 962. (Dom Col., Bibl. nat. mss. ; cart., 135, I, 93) ; *Parrochia de Nigromonte, 1157* (ch. de Moutier-Roseille) ; *Ecclesia sancti Georgii de Nigromonte, 1158* (ch. d'Evaux) ; *Parrochia Nigrimontis, 1319* (ch. de Moutier-Roseille) ; *Parrochia Nigromontis, 1330* (ch. de Blessac) ; *parroche de Nigremont, 1379* (ch. de Moutier-Roseille) ; *Parrochia de Nigremont, 1462* (Sénéchaussée) ; *Saint-Georges de Nigremont, 1477* (terr. de Felletin) ; *Sainct-Georges de Nigremont, 1536* (terr. de Poux) ; *Saint-Georges de Nigremont, 1557* (terr. de Blessac) ; *Sainct-Georges de Nigremont, 1580* (terr. de Felletin). — Cure : collateur le prévôt d'Evaux, 1616, 1621, 1627, 1641, 1651, 1693 ; le trésorier de la Sainte-

Chapelle de Riom, depuis l'union de la prévôté d'Evaux, 1740, 1783. Les décimes valaient 37 livres. Cure : François Ruyneau, (1676-1692). Fête : Saint-Georges. — Entre les villages de Chansaux et Poncas, beau *dolmen*, composé de 9 pierres, 7 supportant la table, qui a 4 m. 75 de long sur 3 m. de large. Le monument est entouré d'une enceinte en pierres sèches, de 29 mèt. de circonférence. L'intérieur était pavé avec 7 ou 8 grosses pierres que le docteur Cancalon fit déplacer en faisant une fouille infructueuse *(Bullet. arch. de la Creuse)*. Sur le territoire de la commune de Saint-Georges, eut lieu une rencontre, en 555, entre Chramme et ses frères Caribert et Gontran, fils du roi Clotaire, qui se disputaient la succession de leur père avant qu'il fût mort. Au moment de la bataille, une violente tempête, mêlée de tonnerre, arrêta ces malheureux. La tradition a conservé l'emplacement des 2 camps. — Le village de Saint-Georges est situé au sommet d'une montagne escarpée ; non loin, une hauteur dite le *Mureau*. Des fortifications, dont il reste des vestiges, embrassaient le tout. — Au xᵉ siècle, Saint-Georges fut le chef-lieu d'une circonscription judiciaire, dite *vicairie (vicaria)*, dont il est parlé en 962. — En 1789, de Larfeul de Saint-Amand, Darboureix et Cebouchard, furent députés du Tiers-Etat pour la paroisse. — *Seigneurs* : Antoine Ruyneau, seig. de Saint-Georges-Nigremont [1683]. François Ruyneau, seig. de Saint Georges-Nigremont, président, châtelain, lieutenant-général de police et lieutenant criminel, subdélégué de Felletin, fils de noble Claude ; seigneur de Saint-Georges, et de Marie Marlin de Lavaud, épousa, en 1765, Gilberte de Lavaud de Pierrebrune Il vivait encore, en 1782. — En 1756, la taille se montait à 1618 livres, 9 sous, pour 104 feux. — Millot *(Hist. de France)*, a écrit que le fameux capitaine de routiers anglais, Tête-Noire qui mourut en 1379, au château de Ventadour, laissa par testament, 1,500 livres à la chapelle de Saint-Georges-Nigremont ; mais cet oratoire est appelé par lui Saint-Georges simplement. Or, Tête-Noire était breton. Il y a sûrement une erreur de Millot.

Saint-Maurice. Chef-l. de commune. 600 habit. 40 feux en 1357. Cure : collateur, l'évêque de Limoges, 1556, 1564, 1573, 1574, 1575, 1605, 1710, 1735. Fête : Saint-Maurice. Les décimes produisaient au curé, 112 livres. Vicairie de Saint-Maurice à l'autel Saint-Fiacre, fondée le 3 décembre, 1516, dans l'église, par Pierre Hugon, curé pour son plus proche parent, vacante si le titulaire s'absente 6 mois ; collateur : le curé conféra ; l'évêque nomma, 1566, 1618 ; puis ceux-ci : Chermartin, dit Leclerc, marchand de Crocq et ses successeurs, 1566 ; Chermartin, notaire royal), 1581 ; Thévenet, laboureur, avec Ville-

boneix, 1711 ; Alochon, marchand, de Giat, 1731 ; Legeay, 1734.
Prieuré : [V. *Bonaventure*, III, p 173, col. II). — *Parrochia Sancti Mauricii, 1157* (Pouillé) ; *Sanctus Mauricius*, xiie s. (cart. de Blessac); *Parrochia Sancti Mauricii, 1359 ; Capella Sancti Mauricii*, xive s. (Pouillé) ; *Saint–Maurize, 1357 ; Sainct-Maurice, 1543* (terr. de Blessac); *Sainct Maurice, 1555* (terr. de Poux); *Sainct Mowricc, près Crocq, 1580* (terr. de Felletin). — Annet Beaulne, chanoine d'Herment, curé, 1567 ; Michel de Vauchaussade, prieur-curé, 1640-1645. — *Séigneurs*. La famille Auboux de Stéveny, qui résidait au château des Vergnes, près de Saint-Maurice, a possédé Saint-Maurice en fief, depuis 1636 (au moins), à 1789. [V. *Les Vergnes, Dictionn.*] Les grandes pluies, de 1757, emportèrent 3 moulins de la paroisse et le pont du château voisin des Vergnes. — En 1628, Gilberte de la Roche-Aymon, veuve de Renaud Mourillon, notaire royal, de Saint-Avit-de-Tarde, avait des dîmes dans la paroisse. — En 1756, la taille se monte à 488 livres, 11 sous, — En 1789, Pierre-Ambroise de Fournoux de la Chaze, notaire royal et Léonard Pauty, députés de la paroisse, refusèrent de signer les cahiers du Tiers-Etat.

Saint-Oradoux. Chef-l. de commune. 44 feux, en 1357. *De sancto Oratore, 1249; saint Orador, 1357, sainct Houradour, près Crocq, 1533* (terr. de Saint-Bard ; *sainct Ouradour, 1543* (terr. de Blessac). 715 mèt. d'alt.; 435 habitants. Ce lieu n'appartenait à aucun grenier à sel. L'église fut donnés, en 1249, au chapitre d'Herment qui, depuis jusqu'en 1789, nomma le curé. (V. page 66). Curés : Durand de l'Oursse, 1321 ; Durand Dalmas, clerc, 1337 ; Thomas, 1431 ; Pierre Villefeulh, 1432; Antoine d'Aultebesse, 1509 ; Antoine Morton, 1543 ; Jacques d'Aultebesse, mort en 1555 ; Guillaume Girard, 1551. Etienne Mourton, 1581 ; Michel Cousturier, 1600 ; Pierre Faure, 1613 ; Jean Le Faure, chanoine de Crocq, 1614-1625 ; Annet Bourbon, 1642-1661 ; Jean Le Faure, 1675 ; Jean Bourbon, 1671; Pierre Bourbon, 1683-1693; Julien Battud, 1693-1716. Jean Grégoire, 1712-1718 ; Bertrand Jallat, 1731-1744; Faure, 1751 ; Peyronnet, 1761 ; Michel de Courteix, 1761-1781. Les députés du Tiers-Etat, en 1789, furent Léonard Chermartin des Bussières et Claude Fleurant. — De l'élection de Guéret, en 1789. — Léonard d'Ussel, baron de Crocq, seig. de Saint-Oradoux [1789]. — Près de Saint-Oradoux, ancien village détruit, appelé *Barbaro*. On croit qu'il était habité par des Protestants (xvie siècle). Là, on voit des ruines, restes, dit-on, de l'ancien temple, au lieu dit *les Eglises*. Ce dernier aura été détruit, en 1685, lors de la révocation de l'édit de Nantes.

Saint-Pardoux-d'Arnet. Chef-l. de commune. 651 habit. 375 habit., en 1720. A Saint-*Pardolf*, XII° s. (cart. de Blessac) ; *Capella Sancti Pardulfi prope Darnet*, XIV° s. (Pouillé) ; *ecclesia Sancti Pardulfi prope Darnet*, *1482* (ch. de Blessac) ; *paroisse de Sainct-Pardoulx-le-Pauvre*, *1543* (terr. de Blessac) ; *paroisse de Saint-Pardoulx-le-Pauvre, près Croc, 1557* (terr. de Blessac). — De l'archiprêtré d'Aubusson. — Cure : collateur, l'évêque de Limoges, 1478, 1577, 1668, 1671, 1687, 1688, 1712, 1724, 1759. Décimes : 82 livres. Fête : Saint-Pardoux. Dans l'église, jadis, les vicairies de Sainte-

VUE DE SAINT-ORADOUX

Anne et Saint-Michel. Préceptorerie ou prieuré régulier. Décimes : 152 livres. Fête : Sainte-Catherine. Collateur : le prieur de l'Artige, 1519, 1581, 1605 ; le recteur des jésuites de Limoges, 1720, 1735 ; l'évêque, 1766 [le bureau du collège y a nommé avant 1783] ; était possédé à cette époque par Guithon (Pouillé de 1783). Pierre de Saint-Julien, prieur d'Arnet, 1672. — En 1789, le marquis de Ligondès de Châteaubodeau s. de Saint-Pardoux d'Arnet. — En 1625, Anne de Fournoux, veuve de Blaise-Richapt, s. de Saint-Pardoux

d'Arnet. Pierre Joseph de Miomandre, chevalier, s. de Saint-Pardoux, la Chaud, le Baneix, mousquetaire, ensuite conseiller au grand conseil, en 1789. Armes des Miomandre : *aux 1 et 4 d'argent, au lion d'or, lampassé de gueules ; aux 2 et 3, de sable, à l'aigle au vol abaissé d'argent.* — En 1746, la collecte s'élevait à 1,298 livres 4 sous, pour 80 feux. — En 1789, un atelier de charité fut organisé dans ce lieu pour l'ouverture de la route d'Auzances à Aubusson. — « Enquête [vers 1700], pour Pierre de Miomandre, seig. de Saint-Pardoux et du Baneix, capitaine de la bourgeoisie de Felletin, contre François Meschin, doct. en théologie, curé de Saint-Pardoux et contre Me Meschin des Combes, son frère, au sujet des droits honorifiques appartenant audit seig. dans l'église de la paroisse : Dépose Annet d'Audebrand, âgé de 19 ans, écuyer, seig. de Laval, demeurant au lieu de Baneix, par. de la Celle-Barmontoise, que ledit curé ayant aperçu le sieur Gingaud, qui travaillait à ladite ceinture funèbre, il fut à lui et lui dit : « Gingaud, que Gingautes-tu là ? Tu mériterais que je te fis sauter en bas » ; et que ledit curé ajouta qu'il estoit maistre du chœur de son église et qu'il ne souffriroit jamais qu'on chiffonnât son église. » Jean Artaud, maître peintre à Felletin, dépose que le frère du curé l'ayant trouvé travaillant à ladite ceinture, tout esmu de collère, vint à l'échelle où il étoit et lui dit : « Que fais-tu là gueu ? Si tu ne descends, je te jeteroy du haut en bas et, en même temps, renversa un banc sur lequel il avoit mis ses couleurs ; et M. de Miomandre étant survenu, le frère du curé sauta sur luy et luy osta sa perruque en lui disant : gueu ! Tu n'a pas de droit icy ; retire-toi ? et comme pour lors il survint au bruit qui se faisoit dans l'église, un prestre avec deux menettes, à ce qu'il croit, ils firent retirer le frère dudit curé » *(Archives de la Creuse).*

Salesses (c. de Saint-Agnant). *Saleissa, 1293.* Ce village avait une ancienne paroisse qui a été réunie à la commune de Saint-Agnant, le 20 décembre 1835 Curé : François Parrot, 1677. *La commanderie.* Annexe de celle de Sainte-Anne (Haute-Vienne), l'ordre de Saint-Jean de Jérusalem, y avait déjà une commanderie, en 1293, l'église paroissiale était dédiée à Saint-Jean-Baptiste et en mauvais état, en 1616. Le curé, recevait 10 setiers de blé, mesure de Salesse [1616]. Le domaine de la commanderie comprenait un étang rompu. La dîme produisait 50 à 70 setiers de blé. Tous les sujets de la paroisse étaient main mortables. [V. *Naberon. Dictionn.*] La haute justice appartenait au baron de Crocq. [V. *L'Ordre de Saint-Jean de Jérusalem en Limousin,* par A. Vayssière, page 52].

Salougette (c. de Saint-Georges-Nigremont]. En 1645, François de la Roche-Aymon céda la seigneurie de *Selongettes* à Louis et Annet Braschet, père et fils, seig. du Maslaurent.

Sécondat (c. de Compas). *Ségondat.* Fief. P. de Ségondac, écuyer, seig. dudit lieu [1357] ; Mathias de Vauchaussade, écuyer, s. de Vauchaussade, Ségondat, époux de Nicolle des Escots, laissa : Jean, écuyer, s. de Ségondat, marié, en 1469, à Cath. des Brandons, dont : Antoine, écuyer, s. de Ségondat, marié, en 1504, à Jeanne de la Marche. Gabriel de Chaulz, s. de Ségondat [1492]. Oradour de Beaufort, chevalier, s. de Ségondat, le Monteil [1592], épousa, Marguerite des Escots. Il eut : Antoine de Beaufort, écuyer, s. de Ségondat [1636] et du Monteil, marié à Marguerite de Durat, qui vendit à Jeanne de Malleret femme de Bernard du Johannet, écuyer, s. de la Rue, la maison noble de Ségondat, composée de 2 tours, d'une chapelle, d'un colombier, tenus en fief de la châtellenie de Sermur, plus deux domaines audit lieu, deux étangs, le tout, 3,553 livres Cette terre fut revendue, par ces derniers, à François de Montgrut, écuyer, s. du Chassaing, résidant au Chier, paroisse de Saint-Avit de Tardes. Il fut père d'Antoine, s. de Ségondat, en 1698. Ce dernier avait une sœur Marguerite, qui épousa Gilbert de Saunade, s. de Vauchaussade, d'où vint Gilberte, mariée, en 1682, à François de Durat. Leurs descendants, messieurs de Durat, ont possédé le fief de Ségondat, jusqu'en 1789. [V. page 182]. — Le château de Ségondat [détruit au xixᵉ s.], avait une grosse tour carrée, crénelée, bâtie en pierre de taille.

Selongettes. (Voir *Salougette*).

Sermur. Chef-l. de commune. La tour est à 721 mèt. d'altit. 33 feux, en 1357. 348 habit., en 1720. Le bourg n'a que 30 maisons environ. — *Apud Sermur, 1183* (cart de Bonlieu); *Castellania de Sermur, 1231* [Arch. nat. P, 1369, cote 1673, nᵒ 4]. *De sine Muro* [vers 1249] ; en 1249, *Selmur* [Bonaventure, t. III, p. 38] ; *Castrum de Sinemuro, 1231* ; *Sermur, 1311, 1362* [Mais. d'Auvergne, II, 162, 180|]; *Terra Sermurii, 1388* (ch. de Bonlieu); *Castrum de Sermurio, 1373* [Mais. d'Auvergne, II, 108]; *prior et capella de Sermurio, 1522* |terr. de Bonlieu]; *Sermur, 1530* ; *Sermur en Combraille, 1555* (ch. de Chambon). L'étymologie serait-elle *Sine muro* (sans mur) parce qu'à l'origine le château se composait d'une simple tour? Sermur est appelé *Sine muro* en 1249 [V. *Spicilegium Brivalense*, par A.

Chassaing, p. 62]. *L'église*, très ancienne, placée à mi-côte sur une butte de rochers. On dit qu'elle a appartenu aux Templiers ; elle était dédiée à l'Assomption de la Vierge et sous le patronage de saint Roch. Les religieuses de la Croix, de Limoges, ont établi une école libre dans la paroisse, en 1874. *Cure* : collateur, l'évêque de Limoges [1622] ; le prévôt de Chambon [1507, 1555, 1723, 1755]. Les décimes produisaient 30 livres. Fête : saint Hilaire de Poitiers. *Prieuré* : De l'ordre de saint Benoît, dépendant de l'abbaye de Chambon. François de Montgrut, chanoine-archidiacre de Montauban, prieur en 1755. — En 1871, une hache celtique, brisée, fut trouvée à Sermur. Une tradition raconte que les Druides furent les premiers habitants. On croit que ce lieu fut occupé par les Romains. En 1817, découverte d'une urne romaine en métal. La tradition dit que le nom primitif de la ville est *Montrocher*. — Sermur, aux xiiie et xive siècles, capitale du franc-alleu ; plus tard, ce fut Bellegarde, parce que Sermur avait été détruit par les Anglais. — La *châtellenie*. C'était l'une des cinq du pays de Combraille. En 1301, la chancellerie de ce pays était même fixée à Sermur. — Le *Château fort*. On croit qu'il remonte aux premiers temps de la monarchie française et comprenait alors une simple tour carrée dont il reste encore la base. Plus tard, le château se composa d'un vaste bâtiment de 20 mètres de long sur 15 de large, défendu par 2 tours, l'une carrée [le donjon], au sud : l'autre ronde, au nord, le tout assis sur un énorme rocher. Celle du nord devait s'élever à 20 mètres environ [avant 1789, elle avait environ 15 mètres ; elle n'en a que 5 actuellement], les côtés ont 6 et 7 mètres de large. Distance de la tour carrée à la tour ronde, 40 mètres environ. Une partie de l'ancienne cheminée du château se voit dans la maison Briffaut, à Sermur. Cette forteresse, la clef du pays, d'abord assiégée par les Anglais, inutilement, en 1350, mais enfin fut prise par eux en 1357, presque dès l'origine de la guerre de Cent-Ans, en Combraille ; de là, ils mettaient tout à feu et à sang, comme on le voit au compte Robert de Riom, receveur en Auvergne, chargé de lever les fonds pour payer les troupes assemblées contre eux. Cet état obligea les Etats d'Auvergne à offrir 3,000 pièces d'or, dites moutons (parce qu'elles offraient un agneau) à Arnaud de Cubzac, seig. de Lebret, qui occupait alors Sermur. Il envoya des délégués à Herment (15 avril 1358), et, là, fut fait un traité avec ceux des états provinciaux d'Auvergne. Arnaud s'obligeait à abandonner Sermur. [V. le traité *in-extenso*, dans l'*Hist. de Clermont-Ferrand*, par A. Tardieu, t. II]. Un souterrain se trouve à l'est de la montagne de Sermur, pour servir de retraite aux assiégés. — Le prix de ferme de la terre de Sermur était 1,100 livres par année, en 1727. — La tour de Sermur a servi, en l'an V [1797], au célèbre astronome Delambre (1) pour mesurer l'arc du méridien, entre Dunkerque et Barcelone, qui a servi de base pour établir le système métrique. Les lieux d'observation les

LA TOUR DE SERMUR
(Ruines actuelles).

plus rapprochés étaient l'église d'Herment (Puy-de-Dôme), le monticule de la Fagetière (Creuse), et le puy de Bort (Corrèze). L'illustre

(1) Delambre (J.-B -Joseph), né en 1749, mort en 1822, membre de l'Académie des sciences. — Voir *Base du système métrique ou mesure de l'arc du méridien entre Dunkerque et Barcelone, exécutée de 1792 à 1799, par Méchain, Delambre, Biot et Arago.* Paris, 1806-1821, 4 vol. in-4o.

astronome Cassini avait déjà observé à Sermur, précédemment,
vers 1740. Cette tour appartient à M. le comte de Bonnevie de Pogniat qui l'a acquise dans un but de conservation historique. —
Capitaines du château : Antoine de la Fayette, s. de Montboissier,
1481; Jean de Durat, chevalier, s. des Portes [nommé le 29 oct.
1510-1524]; François de Durat, chevalier, s. des Portes, fils du
précéd. [nommé le 22 déc. 1524]; Jean II de Durat, chevalier, s.
des Portes, fils du précéd., 1536-1554; Henri de Salers, 1657. —
Les seigneurs. Sermur semble avoir appartenu à Guy II, comte
d'Auvergne, seign. du pays de Combraille [1209-1222], auquel
Philippe-Auguste fit la guerre et enleva des places, qu'il donna en
garde à Guy II de Dampierre, s. de Bourbon [1213], qui mourut
en 1215. Celui-ci laissa Archambaud IX, dit le Grand, seig. de
Bourbon et de Sermur, en 1231 (1), dont Archambaud X, s. de
Sermur (2), qui eut Agnès, dame de Sermur, mariée en premières
noces à Jean de Bourgogne et, en deuxièmes, à Robert II, comte
d'Artois, qualifié seig. de Sermur, en 1280 (3), mort en 1283.
Béatrix, fille de Jean de Bourgogne qui précède, et dame de Sermur
après sa mère, épousa, en 1272, Robert de France, fils de saint Louis,
mort en 1317, qui eut entre autres enfants : Blanche de Clermont,
mariée le 25 juin 1303 à Robert VII, comte d'Auvergne et de
Boulogne; elle porta en dot la châtellenie de Sermur et mourut
en 1304. Leur fils Jean I, comte d'Auvergne et de Boulogne, seig.
de Sermur, Montgascon, du pays de Combraille [1352], épousa
Jeanne de Clermont et mourut en 1386. Comme il vendit vers 1386,
la terre de Combraille à Pierre de Giac, chancelier de France, par
suite seig. de Sermur, celui ci revendit, vers 1390, à Louis II,
duc de Bourbon, mort en 1410. Louis II, qui répara la forteresse de
Sermur, fut père de Jean I, duc de Bourbon [† 1434], seig. de
Sermur. A partir de cette époque, Sermur a eu les mêmes seigneurs
qu'Auzances jusqu'en 1789 [V. *Auzances*, page 38]. En 1537, la
châtellenie de Sermur avait passé au sieur du Guet, par suite de la
confiscation des biens du connétable Charles III de Bourbon [1527];
mais, plus tard, il en fut évincé et Sermur rentra dans la maison
de Bourbon [1538]. En 1531, les confins de la châtellenie de Ser-

(1) *Arch. nat.*, P, 1269, cote 1673.
(2) Vers 1249, il rendit foi-hommage au prince Alphonse, frère de
saint Louis, pour le château de Sermur, avec ses dépendances [V.
Spicilegium Brivatense, par Chassaing].
(3) *Arch. nat,*, P, 1369, cote 1669.

mur étaient ceux d'Auzances, Aubusson, Chambon, Lépaud, le comté de la Marche, la seigneurie de Saint-Julien et les baronnies de Crocq, Herment, le Montel-de-Gelat. Les consuls de Sermur qui comparurent dans un acte de cette année (1), reconnurent que Sermur appartenait alors [1534], au roi, comme confisqué sur le connétable de Bourbon ; que cette terre contenait « en long, depuis les Ayraux, paroisse de Dontreix, jusqu'à Léon-le-Franc, paroisse de Bostrogier, six lieues ; et de large, depuis Saint-Bard jusqu'à Neuvialle, deux lieues, et depuis Néoux jusqu'à Bonlieu et Chamaud, quatre lieues. » Les mêmes consuls reconnurent qu'à Sermur il y avait alors « le Château fort et place ruchière (sur un rocher), de présent étant en ruines et caducité, où il n'y a guère qu'une partie de la grosse tour carrée debout ; ladicte place ruchière fossoyée, avec d'autres aisances ; lequel château rouchier, le seigneur de Cherdon (v. ce mot), vassal de Sermur, est tenu d'entretenir de ferrures de tous genres et d'en garnir les portes dudit château ; qu'ils ont ouï dire à leurs prédécesseurs, que ce seigneur de Cherdon, à cause d'un certain droit de salinage, de forge et de ferrage levait, sur le pays, une redevance... que le château est dépéry, etc. ». On voit, dans le même acte, que la terre de Sermur avait alors divers bois, plusieurs étangs, un moulin banal, un droit de péage. — Les consuls. Sermur avait une municipalité, dès 1534 ; mais remontant, sûrement, fort loin. Les seigneurs avaient accordé un tènement exempt de droits, dit la franchise, autour du bourg, pour lequel celui-ci payait chaque année, au seigneur, à la Saint-Michel, 28 livres 6 deniers ; ils percevaient encore 12 sous à la Saint-Julien, parce que les habitants de Sermur avaient le droit de cuire le pain où bon leur semblait. — Victoire Seguin a publié à Ambert (XIXᵉ s.) un vol. in-24, de 126 pages, roman intitulé : Richard Cœur-de-Lion au château de Sermur. — Aucun document historique ne confirme la présence du roi Richard à Sermur.

Tralaigue (c. de Saint-Oradoux). Jean de Chaupeyre, s. de Tralaigue, 1656 ; Annet de Chaupeyre, s. de Tralaigue ; Marguerite Pellissier, sa femme, en 1673.

Trimouline (c. de Saint-Pardoux-d'Arnet). René de Mioman-

(1) *Chartes communales de la Creuse*, par Duval, p. 142.

dre, s. de Saint-Pardoux, avait une rente féodale sur ce village [xviiie siècle].

Troupine (c. de Lioux-les-Monges). Fief. Bernard de *Tropinas*, seig. de Troupine, en 1357. Noble Leger de Troupine, s de Laussepied, près d'Herment, épousa, en 1492, Claude de Saunade. Il était fils de Jehan, lequel vivait en 1450.

Truffy (*Trouffy*, en 1698).Fief. Marguerite de Villelume, dame de Truffy, épouse d'Antoine de Gimel, s. des Girauds et sa sœur Marguerite, femme de Gilbert de Saint-Quintin, vendirent Truffy, le 26 oct. 1696, à Georges Sappin, seig. de Belair, notaire royal, châtelain de Paneyreix, lequel, en 1698, rendit foi hommage au baron d'Herment. Charles-Alexandre, son fils, s. de Truffy, marié, en 1717, à Marguerite de Montressoux, rendit foi-hommage au roi, à Riom, le 29 sept. 1730, pour ce fief et celui de Chaludet. Les descendants de cette branche possèdent encore la propriété de Truffy. Quant aux Sapin, ils ont eu les fiefs de Belair, de Chaludet, des Roussines et des Raynauds. Leurs armes sont : *de gueules, au chevron d'arg. accomp. en pointe d'un croissant d'or ; au chef d'arg. chargé d'un sapin de sinople.* En 1260, Richard de Chaslus, damoiseau, et son frère Arbert firent échange avec le commandeur de Tortebesse, de tout le droit qu'ils avaient sur l'étang de Tralaigue pour un setier de seigle et un d'avoine, de rente que cette commanderie possédait à Truffy, appelé, alors, *Tréfin*.

SAPIN DE TRUFFY

Touchevache (paroisse de Flayat). Village disparu ; mentionné en 1730.

Vauchaussade (c. du Compas). Ancien château agrandi et réparé depuis peu et assis sur une belle terrasse aux pieds d'un joli bois de hêtre. *Seigneurs.* Etienne de Vauchaussade, en 1116, Antoine de Savagnat, seig. de Vauchaussade eut Léonette, dame de Vauchaussade, mariée, le 13 mars 1340, à Emon du Kair, chevalier, descendant d'Ernes du Kair, seig. dudit lieu en Bretagne, paroisse de Saint-Paternet, près de Vannes, marié, en 1209, à Béatrix de Dinan, dont la filiation est suivie parfaitement jusqu'audit Emon.

Ce dernier retint le nom de Vauchaussade que portèrent ses descendants [V. *Brousse. Diclionn.*]. Il eut Philippe, dit de Vauchaussade, marié, en 1381, à Marguerite de Laval, dont Mathias, écuyer, seig. de Vauchaussade, Ségondat, marié, en 1422, à Nicolle des Escots. dame de Babonnet, dont Jean, écuyer, seig. de Vauchaussade, Ségondat, marié, en 1469, à Catherine de Brandon, dont Antoine, seig.

CHATEAU DE VAUCHAUSSADE

de Vauchaussade, marié, en 1504, à Jeanne de la Marche. Claude de Grattin était seig. de Puy-Lernaud et de Vauchaussade, en 1605; Gilbert de Saunade, écuyer, s. de Vauchaussade, né en 1610, épousa Gilberte de la Chapelle, dont Gilbert, écuyer, s. de Vauchaussade, en 1659, marié à Marguerite de Montgrut, dont Gilberte, dame de Vauchaussade, mariée, en 1682, à François de Durat, d'une illustre maison noble d'Auvergne, originaire du fief de Durat, connue dès

1250 et qui compte 3 chevaliers de l'ordre du roi, des chevaliers de Saint-Louis, etc., plusieurs officiers supérieurs, 3 généraux, etc. La charge de grand bailli d'épée du pays de Combraille et le commandement des grands châteaux de ce pays ont été comme héréditaires chez eux, pendant 250 ans. Françonin de Durat accompagna le roi saint Louis à la croisade, en 1250. Les de Durat sont représentés par le comte de Durat [Marcillat-d'Allier]. Armes : *échiqueté d'or et d'azur.* Gilberte de Saunade et François de Durat laissèrent : Annet-François, chevalier, s. de Vauchaussade, maréchal de camp, né en 1685, mort en 1760, marié, en 1724, à Rose de Vallot, dont Jean-François, comte de Durat, seig. de Vauchaussade né au château de Vauchaussade, le 3 octobre 1736, officier supérieur du plus grand mérite, qui se distingua dans diverses batailles, notamment à l'île de Grenade, dont il fut nommé gouverneur, en 1779 ; maréchal de camp, en 1788, chevalier de Saint-Louis. Le comte de Durat avait épousé en secondes noces, M-J.-Louise de Bosredont de Vieuxvoisin, dont E.-J.-Henriette, mariée, en 1808, à G.-M.-Hippolyte, comte de Bonnevie de Pogniat, dont le comte Louis, propriétaire actuel du château de Vauchaussade, résidant au château d'Aubiat (Puy-de-Dôme), marié, en 1858, à Mᴵˡᵉ Hélène Martha-Becker de Mons, dont un fils Henri, armes : *Ecartelé aux 1 et 4 d'azur, à 3 barbeaux d'arg. posés en fasce, accomp. en chef de 3 étoiles de même (qui est de Bonnevie); aux 2 et 3, d'azur à la tour d'arg., l'écu semé de fleurs de lys d'or (qui est de la Tour d'Auvergne).* La maison de Bonnevie, de race chevaleresque, originaire du Forez, est connue depuis le XIIIᵉ siècle. Elle compte un chevalier croisé, en 1250, nombre de chevaliers de Saint-Louis des officiers de toutes armes, etc., et des alliances avec les premières maisons. — En 1789, un atelier de charité fut organisé à Vauchaussade, pour l'ouverture de la route d'Auzances à Aubusson.

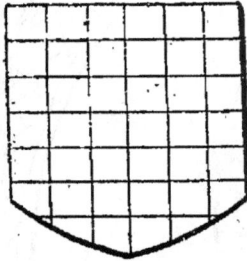

DE DURAT

DE BONNEVIE

JEAN-FRANÇOIS, COMTE DE DURAT
Dernier seigneur de Vauchaussade (1789), maréchal de camp
(† 1830)

Vieuxvoisin (c. de Mérinchal). Fief. *Vieilhvoysin*, *Villevoisin*. Jeanne de la Souche, veuve de Jacques de Sarre, seig. de Vieuxvoisin [1525] ; Loys, François, Jacques et Isabelle, leurs enfants. Loys de Sarre, s. de Vieuxvoisin [1543]. François de Ruben, écuyer, s. de Vieuxvoisin, Lavaud–Promis [1580-1601], épousa, Loyse de Chaussard ; il mourut sans enfants ; Antoine de Ruben, son frère, époux de Gilberte de Chaussecourte, vendit Vieuxvoisin, le 7 mars 1611, pour 7,000 livres, à Anne-Françoise de Bosredont. Le frère de celle-ci, Gabriel, s. de Combraille, posséda Vieuxvoisin et fit bâtir le château, en 1640. Jean de B., son fils, reçut Vieuxvoisin en partage en 1678. Il est l'auteur de la branche de Bosredont de Vieuxvoisin, éteinte en l'année 1858. [V. *Hist. de la maison de Bosredont*, par A. Tardieu]. Cette branche a vendu seulement Vieuxvoisin, en 1825.

Villebeseix (c. de Rougnat). La justice dépendait de la terr d'Auzances, en 1508. [*Arch. Nat.*, P. 1364 ı, cote 1274ı.

Villelume (c. de Mérinchal). Château féodal [détruit] et fief. Le château féodal était situé sur un monticule au N.-O., aujourd'hui couvert de bois ; il fut détruit par les Anglais, en 1357 et son propriétaire vint alors résider dans celui de Barmontet, près d'Herment. La maison de Villelume, a possédé Villelume dès l'an 1099, jusque-vers 1730. C'est une famille d'illustre noblesse, qui compte Guillaume de Villelume, lequel, en 1099, escalada les murs de Jérusalem, avec Godefroy de Bouillon, avec une telle vigueur, que celui-ci lui donna un drapeau pris par lui sur les Musulmans, et qui portait 10 besants d'argent sur fonds d'azur. Ce drapeau devint les armes des Villelume ; *(d'azur, à 10 besants d'argent, 4, 3, 2 et 1)*. Il était conservé dans une boite de plomb au château de Barmontet et fut brûlé en 1793. La branche aînée des Villelume s'est éteinte, par Marie-Pétronille de Villelume, mariée, en 1710, à Jean d'Autier de Villemontée, auquel elle porta Barmontet, que possède de nos jours son descendant, le comte Charles d'Autier de la Rochebriaut. Les de Villelume, comptent une foule d'officiers de toutes armes, des chevaliers de Malte ; Jacques de Villelume, grand ami du roi Henri IV, syndic de la noblesse d'Auvergne. La branche *aînée*, détachée de celle de Barmontet, par Gilbert de Villelume, d'abord chevalier de Malte [1645], marié, en 1651, à Jeanne Bouyon, dame de Bourassat et de la Vergne, est représentée, dans le Puy-de-Dôme, à Saint-Etienne-des-Champs, par les petits-enfants de Jean-Annet, mort en 1816, dernier seigneur de la Vergne, en 1789. Cette branche est, malheureusement, sans fortune. La branche cadette, séparée de celle de Barmontet, par Jean de Villelume, marié, en 1588, à Jeanne

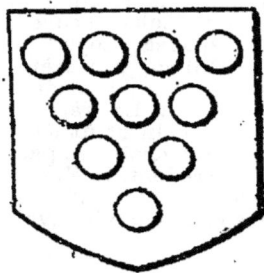

DE VILLELUME

Boyol, et qui fut se fixer en Limousin, est représentée au château de Losmonerie [Haute-Vienne], par le marquis de Villelume et par ses cousins. Un rameau est représenté, à Paris, par le comte de Villelume-Sombreuil. — Quant à la terre de Villelume, elle passa à Jeanne de Bosredont, fille de Claude de Villelume [de la branche de la Vergne], mariée, en 1704, à Etienne Dougnon, dont : 1° Antoine, s de Villelume [1750] ; 2° Maximilien, s. de Saint-Hilaire et de Villelume [1756] ; 3° Marguerite, dame de Villelume, mariée à François Raynouard, dernier seig. de Villelume [1767-1789]. Les descendants de celui-ci résident encore à Villelume. [V. Généalogie des Villelume, depuis 1099 à nos jours, dans l'*Hist. de la maison de Bosredon*, par A. Tardieu, 1863, in-4°.]

Villetourleix (c. de Saint-Oradoux). Fief. François Bargheau, seig. de Villetourleix, en 1666.

Villetourteix (c. du Compas). Fief longtemps possédé par la famille Momet, d'Auzances. [V. page 52. *Prunevieille, Les Farges, la Besse. Dictionn.*] Annet Momet [descendant

DE MOMET

de Georges, notaire royal à Auzances, en 1541-1551] était s. de Villetourteix, en 1585 : licencié en droit, lieut.-général d'Auzances [1565-1578]. Il épousa Jeanne Séguin, dont : Jean, lieut.-général d'Auzances [1590-1597], licencié en droit, avocat au présidial de Riom, bailli du Montel-de-Gelat et de Barmont [1608], marié à Gabrielle Sabbatier, dont : 1° François, qui suit ; 2° Gabriel, seig. des Farges. [V. *Farges, Dictionn.*]. François Momet, seig. de Villetourteix, avocat en Parlement, lieut. général d'Auzances [1606-1610], puis châtelain [1616], noble Jean Momet, s. de Villetourteix, élu en l'élection de Combraille [1630]. Noble Michel Momet, s. de Villetourteix [1663], marié à Anne de Saint-Julien ; il eut Georges, écuyer, s. de Villetourteix, garde du corps du roi, marié, en 1685, à Barbe Momet, fille de Louis, s. de Prunevieille, dont : Michel, s. de Villetourteix [1723], marié à Marguerite Momet, fille de Jean, s. de Farges.

Villevaleix (c de Saint-Maurice). Silvain, comte de Grandsaigne et Charles Ajasson, de seig. Villevaleix [1650].

———————⊙○⊰○⊱◁———————

Additions. Les documents suivants nous ont été transmis, après coup, par M. le comte H. de Lestrange. Page 107, **Aigueperse,** ajoutez : Trolhard de Montvert, seigneur de Magnat, Aigueperse [1448], épousa, Marie de Chalus, laquelle, en 1449, fit don d'Aigueperse et Montvert, à ses enfants, Guillaume et Hugues de Montvert, mariés à Marguerite et Marie de la Garde.

La Cour (c. de Saint-Georges-Nigremont). Louis de Lestrange, seig. de Magnac, rendit foi-hommage au duc d'Orléans, en 1545, pour ce fief.

Saint-Georges-Nigremont [p. 171]. A la liste des seigneurs il convient d'ajouter : Guillaume et Hugues de Montvert, seigneurs de Magnac et du château de Saint-Georges-Nigremont, qui, en 1457, donnèrent nommée à Jacques d'Armagnac, comte de la Marche, pour le lieu des Escurettes [v. p. 148], et une tour, déjà en ruines, indiquée ainsi : « *Unam turrim, sive rudera turria* », située devant le portail de l'église de Nigremont. Jean de Montvert, épousa, Gabrielle de Lestrange. Ils firent une donation entre vifs, de leurs biens [compris Saint-Georges-N.], dans le contrat de mariage, de 1516, de Guy de Lestrange, qui épousait Catherine de la Roche. Ces derniers laissèrent : Louis de L., s. de Saint-Georges-Nigremont, marié, en 1545, à Rose Rochette des Hoteix, dont : François, s. de Saint-Georges-N., marié, en 1573, à Louise Brachet, dont : René, s. de Saint-Georges-N., marié, en 1613, à Anne de Bonneval, dont : Annet-Marie, s. de Saint-Georges-N., marié, en 16.6, à Anne Morin d'Arfeuille, dont : Henri, s. de Saint-Georges-Nigremont, marié, à Anne-Marguerite de la Saigne de Saint-Georges. Ce dernier plaida, en 1683, avec Antoine Ruyneau, acquéreur d'une partie de la terre de Saint-Georges-N. [que lui avait vendue Michel de Saint-Julien, baron de

Flayat]. Joseph de Lestrange, s. en partie de Saint-Georges-N., fils d'Henri qui précède, épousa, en 1710, Anne-Cath. de Soudeilles, dont : Joseph, s. en partie de Saint-Georges-N., marié, en 1742, à Susanne-Philotée de Blair. Les descendants de ces derniers forment la seule branche existante de la famille de Lestrange [v. pour cette famille, p, 140, 141]. En 1740, Joseph, marquis de Lestrange, s. de Saint-Georges-N., vendit, à Barthelmy de Fournoux, curé de Saint-Georges-N., « l'emplacement de l'ancien château et tour du fief de Saint-Georges, à présent défriché ».

☞ **Sceau du maréchal d'Effiat.** — Depuis la publication de ce volume, M. Ambroise Tardieu, l'un de nous, a eu la bonne fortune de retrouver le magnifique sceau-matrice, de cuivre [de 4 centimètres 1/2 de diamètre], du maréchal d'Effiat [de 1631 environ], baron de Crocq, aux armes mi-parti du maréchal et de sa femme, Marie de Fourcy (celles-ci représentant *une aigle au vol abaissé, au chef, chargé de 3 tourteaux*). Ce sceau a été gracieusement cédé à M. Tardieu, par M. René de Montjoye, un érudit de Châtel-Censoir (Yonne), qui le tenait de M. Marlin de Lavaud, dernier descendant d'Annet Marlin, bailli de Crocq, auquel ce sceau a servi en 1631-1632.

Errata. — Page 52, ligne 3, en remontant, Rocheguron, corrigez : *Roche-Aymon ;* — p. 58, lig. 1, assiégeant, corrigez : assiégés ; — p. 88, l. 7, en rem., après noces, ajoutez : en 1630 ; — p. 105, l. 10, en rem., Villedieu, corrig. Villedière ; même p., l. 8, en rem., 1675, corrig. : 1775 ; p. 118, l. 23, Chabaudy, corrigez : *Cherbaudy.*

Page 31. **L'école d'Auzances** n'est pas définitivement laïcisée. En effet, le Préfet a signifié verbalement cette laïcisation ; mais n'a pas encore pris l'arrêté au moment où nous écrivons.

Cornudet des Chomettes. Pages 101, 103, 104, 147, le nom de *Cornudet des Chomettes* a été imprimé, par erreur, *Cornudet des Chaumettes.*

Le Puy, typographie Marches ou fils, boulevard St-Laurent, 23.

FIN